Biblioteca Austriaca

Colección fundada por
Juan Marcos de la Fuente

AF218015

LOS CUATRO PILARES
DEL ENTENDIMIENTO ECONÓMICO

Peter J. Boettke

LOS CUATRO PILARES DEL ENTENDIMIENTO ECONÓMICO

Traducción de
Jesús Adrián Escudero
Catedrático de Filosofía Contemporánea en
la Universidad Autónoma de Barcelona (UAB)

Revisión de
Juan Sebastián Landoni
Economista, docente en Universidad Francisco Marroquín (UFM)
y de la Universidad Católica Argentina (UCA).

Introducción de
Nikolai Wenzel
(Universidad Hespérides)

Unión Editorial
2025

© 2025 para la edición española;
UNIÓN EDITORIAL, S.A.
c/ Galileo, 52 • local • 28015 Madrid
Tel.: 913 500 228
Correo: editorial@unioneditorial.net
www.unioneditorial.es

ISBN: 978-84-7209-946-3
Depósito legal: M. 11.310-2025

Compuesto e impreso por EL BUEY LIBERAL, S.L.

Printed in Spain • Impreso en España

ÍNDICE

III. ESPERANZA

IV. COMPASIÓN

8

INTRODUCCIÓN A LA EDICIÓN ESPAÑOLA

Es un placer haber sido invitado a escribir la introducción de esta traducción española del último libro de Peter («Pete») Boettke. También me enorgullece introducir esta traducción tan fiel y fluida realizada por mi ex-alumno (y ahora co-autor), Jesús Adrián Escudero.

Tuve el gusto de conocer a Pete en el 2000, cuando yo era director de programas académicos en la *Atlas Economic Research Foundation* (ahora *Atlas Network*). Pete, ya profesor en la *George Mason University*, había ganado un premio financiado por la *John Templeton Foundation*, cuya administración yo organizaba. Así, gracias a varias conferencies de Pete, tuve la oportunidad de ampliar mis conocimientos antes de empezar mis estudios doctorales. El verano antes de mis primeras clases de postgrado, Pete me invitó a participar en el famoso seminario austriaco de la *Foundation for Economic Education*, un programa fundado por Ludwig von Mises y Leonard Read. Fue una semana abrumadora, repleta de asombro; no pienso haber aprendido tanto antes o después.

Pete abre este libro con la confesión: «No es exagerado decir que aprender economía cambió mi vida.» Fue lo mismo para mí, pero de manera diferente. En las clases obligatorias de economía en mi grado de relaciones internacionales en *Georgetown University*, no tuve el gusto de tener a maestros… ¡ni a economistas! Se trataba de ingenieros económicos, egresados de las mejores universidades estadounidenses y productores de investigación conocida a nivel internacional. Pero todo era técnico, y totalmente divorciado de la realidad: en lugar de los famosos *modelos-como-anteojos-para-entender-al-mundo-visto-por-la-ventana* que nos ofrece Pete, los modelos eran presentados como importantes en sí mismo. No había nada de verdad y luz, ninguna esperanza o compasión en estos modelos desconectados del mundo —y nada de belleza y asombro para llamar a mi joven alma, o atraerme al estudio de la economía. Me aburrí y recibí las peores notas de mi vida. Dejé la economía de lado.

Gracias a Pete, y gracias a mi jefe, el gran historiador y economista austriaco Leonard Liggio, decidí profundizar en mi conocimiento de la economía en el 2002 en la *George Mason University*. Aquí había algo fascinante para entender el mundo y buscar soluciones realistas para la pobreza, la injusticia, y otros problemas sociales menos enormes, de la falta de estacionamiento a la planificación urbana (o ¡el orden espontáneo urbano!). Decidí regresar a los fundamentos de la economía con dos cursos avanzados de grado: macroeconomía y microeconomía. La macro tenía tanto sentido como tiene hoy en día (es decir, poco), pero había adquirido la disciplina y la intuición necesarias para jugar el juego y obtener matrículas de honor. Pero el curso de microeconomía fue increíble; el colega de Pete, Walter Williams, compartía su sabiduría económica los martes y los jueves a las 7h30 de la mañana. El profesor Williams insistía en el rigor de la economía neoclásica —pero también daba vida a la economía, usándola para explicar la realidad, y no solo la pizarra. No me acuerdo ni siquiera de la primera cosa que aprendí en mis cuatro primeros semestres de grado en economía. Nada. Pero, del profesor Williams, todavía uso muchos ejemplos en mis cursos de microeconomía. Algún día, hablando de desastres naturales y de control de precios, él nos explicó que «los precios mudan los recursos de usos con valor bajo a usos de valor alto.» ¡A-ha! En esta inocente docena de palabras había de todo: la verdad del sistema de precios en un mundo de escasez, la belleza y el asombro del orden espontáneo, la esperanza de usar las herramientas económicas para mejorar el mundo y la compasión de ver que la intervención estatal daña principalmente a los pobres. Aprendí mucho más en este curso, pero ese día decidí seguir con un doctorado en economía.

Pete fue mi profesor durante dos semestres de mi doctorado en economía, en los que impartió cursos de economía constitucional y de economía austriaca (dos subdisciplinas que todavía constituyen la fundación de mi investigación y mi enseñanza). Si el profesor Williams fue la chispa para volverme economista, Pete fue mi inspiración para enseñarla. Por razones logísticas, el no formó parte de mi comité de tesis. Pero he tenido el gusto de ver a Pete varias veces al año, y oír sus ideas en varios discursos, porque estábamos involucrados en las mismas organizaciones profesionales: *Mont Pelerin Society*, *Society for the Development of Austrian Economics*, *Association of Private Enterprise Education*.

Por eso, me imaginaba que no iba a sentir tanto asombro como otros lectores de este libro. Ya había tenido el gusto de cientos de horas en la presencia magistral del autor —la mayoría del tiempo en aulas y auditorios, pero a veces en un bar o al lado de una alberca, gozando de su sabiduría en las reuniones y discusiones que le encantan tanto. Así me ayudó, años después de mi doctorado, a entender, por fin, la teoría estatal de Hayek. Así, desde hace varios años que yo mismo incluyo los cuatro pilares en mi introducción a mis cursos, porque tuve la suerte de asistir a la conferencia en la que Pete estaba compartiendo la idea de su libro (lo cito, ¡naturalmente!).

Para mi sorpresa, me alegra mucho haber leído este libro. Gracias a la ajustada traducción de Jesús, tuve la impresión de estar de nuevo en una pequeña aula de seminario con Pete en lugar de hastiarme con ideas viejas. A pesar de haber conocido a Pete durante casi 25 años y de ser maestro de economía durante casi 20, yo vi de nuevo la luz, sentí el asombro de la belleza de la economía, y el libro llenó mi alma de esperanza.

Recomiendo este libro para los principiantes y los maestros veteranos. Pete ha leído todo, es cierto. Pero, más que nada, tiene la capacidad de establecer vínculos entre ideas, como ningún otro economista que haya visto. Hay de todo aquí: historia del pensamiento económico, populismo, cambio social, constitucionalismo e instituciones, desarrollo económico, lucha contra la pobreza, derechos individuales, teorías del Estado, estudios soviéticos y análisis comparativo de sistemas económicos, orden espontáneo y la función epistémica de los precios, emprendimiento y cálculo económico, estabilidad macroeconómica y déficit público, teoría de las fallas de mercado (y del ¡Estado!), y más. Todo tejido en una historia coherente, con un hilo conductor a través de historias, anécdotas, y autores que no parecen estar vinculados. Pete salta de Mises a Hayek, de Ostrom a Buchanan, de Robbins a Knight y de Keynes a Locke, entre otros.

¿Cómo podemos hacer el resumen de una carrera intelectual que incluye más de 300 artículos y capítulos, más de 20 libros escritos y otros 20 editados (incluida la obra completa de Israel Kirzner)? Pete empezó con los estudios soviéticos y postsoviéticos, como ejemplo de la política económica austriaca. Ha escrito sobre la escuela austriaca (de la metodología a la economía política, de Hayek a Mises), el emprendimiento, las instituciones y las constituciones, las escuelas de Virginia (la *Public Choice* de Buchanan y Tullock) y de Bloomington (Ostrom), la historia del pensamiento económico, la pedagogía, el análisis comparativo de los sistemas económicos y políticos, y más. En su sitio web, Pete enumera cuatro temas especiales en su investigación: los estudios soviéticos y postsoviéticos, el emprendimiento, F.A. Hayek y la «mainline economics». Esta última es el hilo conductor de sus cuarenta años de investigación. Esta mezcla de las escuelas de Viena, Virginia, y Bloomington, estas ideas sobre las instituciones que avanzan en la cooperación social a pesar de la falta de conocimiento y benevolencia humana, nos explican las preocupaciones de la mente fértil de Peter Boettke. Por suerte, Pete desarrolla estas ideas en este libro.

Con su capacidad intelectual, Pete habría podido dedicarse (casi) exclusivamente a la investigación. Por cierto, los incentivos son fuertes en un mundo académico altamente especializado y en una universidad moderna con un maremoto de alumnos flojos, sin preparación o motivación, apoyados por una casta de administradores profesionales que han perdido el sentido de la educación. Pero Pete cree en la importancia de la enseñanza y el poder de un buen maestro para compartir las ideas y su efecto multiplicador.

La humanidad necesita siempre las lecciones de la economía, las lecciones de Pete. El populismo amenaza ocho décadas de apertura internacional, de inmigración, de tolerancia, de mundialización. Adam Smith explicó que la división del trabajo —clave de la actividad económica— está limitada por el tamaño del mercado. No es una coincidencia que Pete pueda comentar, con tanto optimismo, sobre el producto de la mundialización, un éxito dentro de tantas tonterías políticas: «A pesar de las obvias frustraciones con la élite establecida, es un hecho simple que 2016 fue el primer año en toda la historia de la humanidad registrada en el que menos del 10% de la población mundial vivía en la pobreza extrema. ¡Qué milagro es el mundo moderno!»

Lamentablemente, el populismo que ya preocupaba a Pete cuando escribió este libro en 2020 no es el único desafío. La fundación *Freedom House* nos informa que estamos en el decimoctavo año de disminución democrática en el mundo. Al mismo tiempo, una década de progreso en la libertad económica del mundo fue borrada en el 2020, mientras los Estados a lo largo del mundo respondieron al COVID con gasto público y regulación (que, se suponía, debían ser medidas de emergencia y temporarias). No es una coincidencia, entonces, que esta fantástica disminución de la pobreza mundial haya sufrido una desaceleración en los últimos años.

La importancia de la esperanza económica está todavía con nosotros. Esta esperanza necesita el rigor de la verdad y la luz que otorga la ciencia económica. Y solo con belleza y asombro podremos atraer a la próxima generación de maestros económicos, y encontrar el apoyo de una población atávicamente reacia al concepto del orden espontáneo del mercado.

Podemos agradecerle a Pete el haber compartido con nosotros el fruto de cuarenta años de reflexión, de investigación, de amor, de enseñanza.

¡Que disfruten con la lectura!

NIKOLAI G. WENZEL
Profesor de Economía
y director del Master in Economics
Universidad de las Hespérides

PRÓLOGO

Durante siglos, los economistas han luchado por encontrar formas de impartir lecciones económicas al público en general, con la esperanza de inculcar en personas que no están estudiando formalmente la necesidad de comprender la lógica y el significado de la economía. Esta es una causa que Peter Boettke, mi profesor y asesor de tesis, asumió desde el día en que se encontró con la elegancia y el rigor de la ciencia económica. A lo largo de su larga y productiva carrera, como maestro y mentor de muchos miles, nunca ha renunciado a este objetivo.

Por experiencia propia, puedo dar fe de su notable pasión por el tema y de su ardiente deseo no solo de saber más, sino de transmitir ese conocimiento y pasión a sus estudiantes. Fui su estudiante y sé lo que es ser receptor de su generosidad intelectual.

Los cuatro pilares del entendimiento económico coloca a cada lector en la posición de ser su estudiante. Experimentarás el calor, la emoción y la energía de su estilo de enseñanza, así como la creatividad de su exposición. Esto se percibe en cada página. Estoy particularmente entusiasmado con este libro porque da un gran paso para refutar el mito de que la economía es de alguna manera fría y cruel. El profesor Boettke escribe jovialmente sobre las fuerzas económicas como parte de una hermosa aventura que afirma la vida y estimula el intelecto.

Los economistas han trabajado durante siglos para presentar sus lecciones fundamentales al público en general de manera precisa para reflejar sus verdaderas implicaciones para nuestras vidas. Lo hicimos mejor en el siglo XVIII que en los últimos cien años, con excepciones como la brillante luz de la Escuela Austriaca. Grandes economistas, no siempre pertenecientes a la corriente principal, siempre han sabido que la economía está relacionada con el florecimiento de los seres humanos y la necesidad de contar con sociedades abiertas que permitan la experimentación, la innovación y la emergencia del orden que solo la libertad puede engendrar.

En este sentido, el profesor Boettke ha realizado una contribución genuina, basándose en las obras de las grandes mentes del pasado para ofrecer una presentación nueva y única adaptada al momento actual. Por eso, el Instituto Americano de Investigación Económica se siente tan honrado de publicar este libro, que tiene el potencial de convertirse en una texto seminal y clásico sobre las implicaciones de la economía para nuestras vidas.

Si nos tomamos en serio su libro, cambiaremos la forma en que pensamos y hablamos sobre la disciplina misma. Es un desafío serio, que concierne no solo a los economistas profesionales, sino a todos aquellos que se preocupan por el futuro de la paz y la prosperidad.

EDWARD PETER STRINGHAM
Febrero 2020

LOS CUATRO PILARES
DEL ENTENDIMIENTO ECONÓMICO

No es exagerado afirmar que aprender economía cambió mi vida. De hecho, me atrevería a decir que los dos momentos más decisivos de mi juventud fueron conocer a mi futura esposa a los diecisiete años y quedar expuesto a la economía a los diecinueve años. No solo fueron momentos cruciales, sino responsables de la buena fortuna y felicidad que me han acompañado en los años posteriores.

A principios de este mes cumplí sesenta años. Me especialicé en economía hace cuarenta años después de los poderosos mensajes que aprendí de mi maestro, el Dr. Hans Sennholz, y de los economistas y las ideas sobre las que llamó mi atención. Fue simplemente la forma de transmitir sus enseñanzas lo que despertó mi imaginación. Desde ese momento, mi viaje no ha dejado de alimentar mi curiosidad e imaginación.

Encuentro fascinante *todo* lo relacionado con la economía: su historia, su sociología, sus debates filosóficos de fondo y, sobre todo, la capacidad que posee la economía en manos de un verdadero maestro para hacer que el mundo en toda su complejidad resulte comprensible. Como nos enseñó James Buchanan, la teoría económica es capaz de elevar a un individuo ordinario a la altura de un genio de la observación, mientras que un genio que carezca de las armas de la teoría económica a menudo verá que sus observaciones de cómo funciona el mundo quedan reducidas a lo meramente ordinario, si no peor.

A principios de este otoño, participé en un panel en la Asociación Económica del Sur sobre el libro *La paradoja del capitalismo* (2019) de Paul Rubin, junto con Steve Horwitz y Sanford Ikeda. Conozco a Ikeda desde que tenía diecinueve años porque él era el estudiante estrella de economía cuando yo empezaba a dar mis primeros pasos en economía de la mano del Dr. Sennholz en el Grove City College. Por eso, no me sorprendieron los comentarios de Sandy en que resumía lo que él pensaba que eran las ideas clave que los profesores de economía debían resaltar para excitar la imaginación de las siguientes generaciones de estudiantes. Fueron estas ideas las que cambiaron mi vida.

El libro de Rubin es muy recomendable porque resalta la importancia de la cooperación social entre personas distantes y dispares, en lugar de insistir en la implacable naturaleza competitiva de la sociedad de mercado. Sí, la competencia del mercado es implacable y valiosa. Pero el subproducto no es solo la entrega de bienes y servicios al menor costo, sino también la red de relaciones sociales y lazos de cooperación que se forman incluso entre extraños. Steve Horwitz dio recientemente una gran charla sobre esto en Grecia, que luego discutió en mi blog *El problema de la coordinación*. Así que nuestro panel coincidió a la hora de elogiar el trabajo de Rubin.

Pero, cuando Ikeda tuvo la oportunidad de intervenir, resumió la enseñanza de la economía en cuatro categorías: verdad y luz; belleza y asombro; esperanza; y compasión. Mi mente regresó a los años en que tuve la suerte de tener a grandes maestros de economía: desde Sennholz hasta Don Lavoie y Karen Vaughn, desde Kenneth Boulding hasta James Buchanan y Gordon Tullock, y desde colegas como Israel Kirzner y Mario Rizzo en la Universidad de Nueva York hasta Don Boudreaux, Tyler Cowen, Chris Coyne, Peter Leeson, Russ Roberts, Vernon Smith y Virgil Storr. Todos abordaron estas diferentes categorías en sus clases y sus escritos con diversos niveles de énfasis y todos con gran efectividad. Algunos abarcan las cuatro constantemente y destacan sobre los demás.

La economía comienza con el reconocimiento de la escasez. Produce cierto grado de sorpresa cuando a uno le enseñan por primera vez esta idea, al igual que la noción de que en nuestro mundo nos enfrentamos constantemente con concesiones (*trade-offs*). De ahí surge la noción de que la optimización es una función de la habilidad con la que nosotros, como tomadores de decisiones humanas, lidiamos con esas concesiones.

Aprender economía, en gran medida, es aprender sobre todas las implicaciones relacionadas con la escasez y, por lo tanto, la aplicación persistente y consistente del razonamiento del costo de oportunidad a todos los asuntos humanos. Tullock (junto con Richard McKenzie) logró esto con su libro *El nuevo mundo de la economía* (1975), que se publicó originalmente durante la década de los setenta y que leí cuando era estudiante de economía en el Grove City College.

La economía arroja verdad y luz sobre la oscuridad. También atraviesa la niebla para dar sentido a todos los esfuerzos humanos, ya sea en la búsqueda de los ideales más elevados o en base a motivos más burdos. Si estás aprendiendo economía de la mano de Gordon Tullock o, para el caso, Peter Leeson (*El garfio invisible*, 2009) y, más recientemente, *¡Qué demonios!*, 2017), prepárate para salir de la complacencia en la que te has instalado cómodamente y, en su lugar, aprende sobre la lógica y las dinámicas subyacentes que rigen el mundo que te rodea.

BELLEZA Y ASOMBRO

Adam Smith quiso despertar la imaginación de sus lectores de *La riqueza de las naciones* (1776) con dos ejemplos llamativos que se encuentran al inicio del primer libro. Nos invita a contemplar nuestra situación en el mundo. Dependemos para nuestra propia supervivencia de la cooperación de una gran multitud de individuos, si bien en nuestra vida tenemos la oportunidad de contar solo con unos pocos amigos íntimos. Smith nos dice, por tanto, que no podemos confiar en su benevolencia para ayudarnos en nuestra lucha diaria por la existencia. Debemos apelar a su propio interés. No es, como él dice, de la benevolencia del carnicero, el panadero y el cervecero que podemos contar con nuestra cena, sino por su propio interés.

Pensemos en ello: necesitamos instituciones que nos permitan participar en la especialización productiva, obtener ganancias mutuas del intercambio y lograr una cooperación social pacífica entre personas distantes y dispares. Smith enfatiza este punto con su ejemplo del típico abrigo de lana que lleva el trabajador a diario. Él rastrea la gran multitud de individuos involucrados en esta compleja división del trabajo que debe coordinar sus actividades entre sí para producir incluso este sencillo producto. Leonard Read y Milton Friedman usarían más tarde la historia de un lápiz con un efecto similar.

¿Y cómo se consigue eso? La gran contribución de Friedrich Hayek consistió en mostrar cómo el sistema de precios a través de la generación, utilización y comunicación del conocimiento puede producir esta compleja red de relaciones interdependientes entre actores económicos cercanos y lejanos. Hayek utilizó en alguna ocasión el término «maravilla» para sacar a sus colegas profesionales de su complacencia sobre la belleza y el asombro de la compleja coordinación de una economía de libre mercado.

La imaginación científica se despierta ya sea por un sentido de asombro o un sentido de urgencia. La economía es capaz de ambas cosas. Hacemos un flaco favor a nuestros estudiantes cuando no los exponemos a ambos sentidos. El trabajo de mi colega Chris Coyne en el campo de la reconstrucción de posguerra (*Después de la guerra,* 2007), así como en la ayuda humanitaria (*Haciendo el mal haciendo el bien,* 2013) demuestra a sus lectores que entender correctamente la ciencia económica es realmente una cuestión de vida o muerte en el mundo real. Pero esta comprensión de la urgencia se basa en una sensación de asombro ante el poder del sistema de precios.

Esto queda claramente reflejado en la trilogía de Russ Roberts, *La elección* (2001), *El corazón invisible* (2002) y *El precio de todo* (2008). Recientemente publiqué un comentario sobre los hermosos patrones de la naturaleza y la analogía con el mercado que realiza Alfred Marshall en sus *Principios de economía* (1890). Creo que observar el movimiento rítmico del péndulo y el patrón producido es útil para que los estudiantes de economía piensen sobre el complejo patrón de relaciones económicas formadas a través del sistema de precios.

Los precios nos guían, las ganancias nos atraen y las pérdidas nos disciplinan en nuestras decisiones. Y los derechos de propiedad proporcionan la infraestructura institucional necesaria para que todo esto suceda. James Buchanan nos enseñó que la principal tarea de un profesor de economía era que sus estudiantes llegaran a apreciar el orden espontáneo del mercado, de tal manera que nuestros alumnos pudieran convertirse en participantes informados en el proceso democrático de toma de decisiones colectivas. Cultivar esa apreciación, nos ayuda a enseñarles a tomar conciencia del misterio del mundo.

ESPERANZA

Pero aprender economía e historia económica nos enseña todavía más. Nos enseña «el gran escape», como lo ha denominado Angus Deaton. El libro *El gran escape* (2013) nos muestra que la humanidad pudo superar la lucha maltusiana y la opresión de la pobreza aplastante gracias a la expansión del comercio, los refinamientos en la división del trabajo, las innovaciones tecnológicas y la adopción de reglas del juego económico que fomentan esos desarrollos en lugar de obstaculizarlos. La economía nos enseña a tener esperanza en la mejora de la condición humana.

Los emprendedores en el sector privado se guían por las señales de precios a la búsqueda constante de oportunidades para comprar barato y vender a mayor precio y, al actuar así, obtienen beneficios mutuos del comercio. Pero estos emprendedores también están permanentemente atentos a tecnologías que reduzcan costos en la producción o aporten mejoras en el mecanismo de entrega a los consumidores de sus bienes y servicios. Y tampoco olvidemos las innovaciones que introducen y el descubrimiento de nuevos productos y nuevos servicios que satisfacen mejor las demandas de los consumidores. La esperanza en forma de mejores condiciones de vida nace de la capacidad que tienen las personas para apostar por ideas y llevarlas a la realidad.

La esperanza también consiste en encontrar cambios en las reglas que alivien los costos de las transacciones y alienten el descubrimiento de nuevas oportunidades de ganancias mutuas a partir del comercio. Por consiguiente, los empresarios públicos pueden lograr, y han logrado, enormes mejoras en las vidas de millones (miles de millones) de personas introduciendo cambios en las políticas públicas y, lo que es más importante, en la estructura legal y política que desata los poderes creativos de una civilización libre, como destaca Friedrich Hayek en *Los fundamentos de la libertad* (1960).

En los últimos años, quizás nadie haya documentado mejor este mensaje de esperanza desde el ámbito de la economía que Deirdre McCloskey en su trilogía dedicada a la burguesía. Se trata de textos profundos, pero el mensaje básico es accesible a cualquier persona. Y yo diría que, como profesores de economía, es nuestra obligación transmitir las ideas de estos textos. En su reciente *Arrow Lecture*, Tylor Cowen se pregunta si el crecimiento económico es un imperativo moral. Su respuesta es afirmativa.

COMPASIÓN

Y, por último, la enseñanza de la economía debería enfatizar cómo el progreso económico no solo beneficia a los ricos, sino que saca a los menos favorecidos de su anterior situación precaria mejorando sus condiciones materiales de vida. Como solía decir Milton Friedman: todos los barcos se elevan cuando la marea sube. Pero hay que ir más allá de esta observación empírica.

La economía como herramienta de crítica social —quizás su segunda función más importante— es un método racional para evaluar políticas y sistemas económicos alternativos. La estricta adhesión a la libertad de valores en el análisis significa que el economista da por sentados los fines del defensor y limita su análisis crítico a la efectividad de los medios elegidos por éste para alcanzar los fines declarados por el defensor de la política o el sistema.

Si el objetivo es ayudar a los menos favorecidos a conseguir viviendas asequibles y el medio elegido es el control de alquileres, entonces el economista examina la lógica de la elección y la lógica situacional de esa relación entre medios y fines. Estudiamos la estructura de los incentivos y el flujo de información incorporado en esas estructuras y la capacidad del sistema para producir los resultados deseados. Éste ha sido el camino seguido por los economistas desde los clásicos hasta la economía de los libros de texto modernos.

La muy criticada *Introducción a la economía* (*Econ 101*) está en realidad redactada en estos términos para cualquiera que quiera leerla detenidamente, en lugar de asumir que los economistas se dedican a teorizaciones normativas que se presentan como análisis positivos.

Todo los grandes economistas, desde Adam Smith hasta Vernon Smith, estaban apasionadamente preocupados por la situación de los menos favorecidos entre nosotros. La economía enseña con gran compasión sobre los menos afortunados y enfoca su energía en los remedios institucionales que abrirán oportunidades y erradicarán barreras.

Como argumentó persuasivamente Lionel Robbins en *La teoría de la política económica* (1952), los grandes economistas políticos clásicos británicos desarrollaron sus teorías de una manera que coevolucionó con el desarrollo de las instituciones británicas del liberalismo: propiedad privada, libertad de contrato, Estado de derecho. Lo que no debe olvidarse en todo esto es que aquellos economistas políticos liberales —reflejados nuevamente en *Los fundamentos de la libertad* (1960) de Friedrich Hayek, así como en varios escritos de James Buchanan— buscaron un sistema de gobierno que no exhibiera ni discriminación ni dominación. Se trata de un sistema diseñado para eliminar privilegios y reconocer los derechos de todos como iguales y dignos ante la ley.

Honestamente, creo que este mensaje de la economía —verdad y luz, belleza y asombro, esperanza y compasión— puede estimular la imaginación de cada generación para explorar las complejidades de la teoría económica y estudiar en detalle tanto la historia de esta fascinante disciplina como la historia práctica de las economías en todo el mundo.

Tenemos que transmitir a nuestros estudiantes la verdad y la luz, pero también debemos inculcarles un sentido de belleza y asombro ante la compleja coordinación de los mercados, comunicar el mensaje de esperanza en nuestra busqueda para mejorar la condición humana al hablar de nuestras inquietudes y expresar nuestra compasión por los menos favorecidos en nuestra causa común de vivir en una sociedad que garantice libertad y dignidad para todos. Como afirman mis colegas Virgil Storr y Ginny Choi en su libro reciente, *¿Corrompe el mercado nuestra moral?* (2019), la respuesta es NO, no lo hace. De hecho, la sociedad comercial proporciona la base para nuestro aprendizaje moral y la mejora de nuestras relaciones sociales con los demás.

Con los crecientes ataques a la *Introducción a la economía* (*Econ 101*), es hora de que los docentes renueven el compromiso de comunicar a esta generación las mejores lecciones que se pueden aprender de la economía.

I.
VERDAD Y LUZ

En defensa de la misión docente

«Solo a través de la iteración constante», escribió Herbert Spencer, «pueden implantarse verdades ajenas en mentes renuentes.»

Mi profesor James M. Buchanan solía repetir esto en clase a principios de la década de 1980 cuando yo era estudiante de posgrado. Buchanan hacía hincapié en sus clases en los principios básicos de la economía y su aplicación constante y persistente. Simplemente seguía la tradición de su maestro, el gran Frank Knight. Fue Knight quien alertó a Buchanan sobre la cita de Spencer, y fue Knight quien enfatizó que la economía, en muchos sentidos, era poco más que sentido común aplicado.

En 1950, cuando Knight dio su discurso presidencial ante la Asociación Americana de Economía, le dijo a su audiencia: «El hecho serio es que la mayoría de las cosas realmente importantes que la economía tiene que enseñar son cosas que la gente vería por sí misma si estuviera dispuesta a hacerlo. Y es difícil creer en la utilidad de intentar enseñar lo que los hombres se niegan a aprender o incluso a escuchar seriamente.» Esto lleva a preguntarnos, ¿por qué podrían las personas negarse a ver lo que deberían poder ver por sí mismas? El argumento habitual que se ha dado a lo largo de los años es triple.

En primer lugar, la economía es fundamentalmente contraintuitiva. El principal enigma teórico de la economía es el orden no diseñado y, por tanto, nuestra búsqueda teórica comienza tratando de explicar resultados que no están implícitos en las intenciones de los participantes. Si los resultados fueran simplemente una cuestión de las intenciones de los actores, entonces nuestra tarea teórica sería trivial y no habría ningún misterio por desentrañar. Las buenas personas hacen cosas buenas, las malas personas hacen cosas malas —si quieres mejorar la sociedad, recompensa a las buenas personas, penaliza a las malas personas. Sería así de simple, y dado que en este mundo podemos inferir intenciones a partir resultados, una simple observación del mundo sería suficiente para distinguir a las personas buenas de las malas. Pero eso es precisamente lo que la economía y las ciencias sociales no pueden hacer.

Las ciencias sociales teóricas son necesarias precisamente porque las intenciones no son equivalentes a los resultados y, por consiguiente, podemos encontrarnos en situaciones en las que tanto «los vicios privados se traducen en virtudes públicas» como en las que «el camino al infierno está plagado de buenas intenciones.» Desentrañar las razones por las cuales algunas situaciones tienden hacia un lado o hacia otro es complicado y requiere un análisis detallado tanto de la lógica pura de la elección como del análisis institucional de la lógica situacional, y proporciona el tema central y el núcleo teórico de nuestra disciplina.

En segundo lugar, este detallado análisis requiere largas cadenas de razonamiento y esto significa que muchos no están dispuestos o son incapaces de seguir el argumento hasta el final. Es más fácil cortar la historia antes de que llegue a su final. Esto, en esencia, es lo que Bastiat y Hazlitt intentaron hacer entender a sus lectores con su mantra de «lo que se ve y lo que no se ve» o «efectos directos e indirectos». No cortes la historia antes de que se haya completado, les decían a sus lectores, y entonces podrás emitir un juicio sobre la situación tanto positivo como negativo. La teoría de las consecuencias no deseadas, subrayaban, puede usarse para explicar tanto los resultados socialmente deseables de transformar esos vicios privados en virtudes públicas, como los resultados socialmente indeseables donde los esfuerzos más sinceros y bien intencionados nos llevan por un camino hacia el infierno. Pero, debe admitirse que para lograr esto, un pensador debe estar dispuesto a ser disciplinado por las reglas del razonamiento crítico y estar atento al contexto institucional dentro del cual interactúan los individuos.

En tercer lugar, precisamente porque la economía es contraintuitiva a primera vista y porque requiere disciplina para razonar, diversos intereses creados pueden nublar el discurso público para promover privilegios especiales. Por supuesto, los economistas entienden este problema y lo han hecho al menos desde la época de Adam Smith. Los procesos políticos tienden a concentrar los beneficios en los bien organizados y bien informados, y a dispersar los costos en los grupos desorganizados y mal informados. Por eso, a pesar de siglos de pensamiento económico contra los privilegios especiales de cualquier tipo, los intereses creados han logrado obtener protecciones del gobierno contra los rigores de las presiones competitivas tanto extranjeras como nacionales. Sin embargo, los consumidores se benefician enormemente del acceso a mercados abiertos, tanto extranjeros como nacionales. En realidad, la teoría económica habla inequívocamente sobre esto a lo largo de los años, pero los intereses creados confunden el discurso.

Recientemente estuve leyendo las maravillosas memorias de Ludwig von Mises, *Notas y recuerdos*, escritas en 1940, pero solo publicadas a finales de 1970. Fue un momento personalmente duro para Mises mientras escribía estas memorias, pero su espíritu combativo y su integridad intelectual brillan en cada página. Durante mi lectura, me llamó la atención una frase que no recordaba que Mises usara, que atribuye a Carl Menger antes que a él: la Ciencia Policial Prusiana.

Este término se refiere a los «economistas» que piensan que su tarea consiste en brindar asistencia al Estado para guiar su administración del Estado intervencionista. La perspectiva del liberalismo clásico de Menger y Mises y para el caso de Smith y Hume antes que ellos, y de Hayek y Buchanan después de ellos, veía al Estado principalmente como un árbitro en el juego social y al economista como un estudiante de ese juego social; el Estado no se ve como un jugador activo, ni se les confían a los economistas poderes especiales para aconsejar a los jugadores sobre la estrategia apropiada a seguir en el juego.

La transformación intelectual en el razonamiento económico desde los economistas políticos clásicos tardíos hasta el consenso de la teoría de los fallos del mercado y la teoría de la demanda agregada posterior a la Primera Guerra Mundial y, por consiguiente, el Estado activista, llevó a Frank Knight en ese discurso de la Asociación Económica Americana (AEA) a declarar:

> Ese mismo período de la historia también ha presenciado un creciente desdén por las instituciones económicas libres en la política pública: un aumento del recurso a la interferencia y control legislativos y burocráticos, el crecimiento de grupos de presión que emplean tanto acción política como 'directa' para obtener lo que quieren, y con todo esto, la degradación del propio Estado, completamente en gran parte del mundo europeo, de formas libres hasta un despotismo despiadado. Seguramente es legítimo preguntarse si existe alguna conexión entre el movimiento del pensamiento económico y el cambio político.

Eso fue escrito en 1950.

Desde 1950 hasta 1980, gran parte del pensamiento económico y de la política económica solo reforzaron las inquietudes de Knight. Hubo focos de resistencia que se desarrollaron como pequeñas contrarrevoluciones a nivel micro y macro, y, finalmente, en la década de 1980, el consenso intervencionista de posguerra empezaba a desmoronarse. Esto no fue solo una revolución científica; fue una cuestión de la realidad golpeando en la cara a los economistas, ya que los años 1970 vieron economías estancadas con alto desempleo y alta inflación persistitente en los Estados Unidos y el Reino Unido. En la década de 1980, esas dos economías experimentaron un cambio con pequeñas modificaciones en la política pública orientadas hacia una economía política más liberal clásica, y esta dirección positiva se vio reforzada por los fracasos cada vez más evidentes de las economías socialistas y por el escaso historial de políticas de desarrollo. Desde 1980 hasta 2000, como lo ha denominado Andrei Shleifer, las economías mundiales vivieron «la era de Milton Friedman», que fue una época de tremendo progreso, especialmente para los menos favorecidos en el mundo al verse liberados de la opresión de los regímenes comunistas, liberados de la aplastante pobreza del mundo en desarrollo e integrados en la economía de mercado global.

Pero esta transformación, por milagrosa que fuera, no estuvo exenta de serios obstáculos en el camino que han producido una creciente reacción en contra. El movimiento antiglobalización ya estaba adquiriendo fuerza a finales de la década de 1990, los ataques del 11 de septiembre condujeron a los Estados Unidos a una economía de guerra permanente y la crisis financiera de 2008 se extendió por todo el mundo. Y, una vez más, la economía como ciencia empezó a ser cada vez más atacada.

Si bien las contrarrevoluciones desafiaron el consenso de la posguerra, nunca recuperaron efectivamente el plan de estudios económico en el nivel de pregrado o posgrado. Reconocer este sencillo punto es fundamental para comprender lo que ha estado sucediendo en la economía desde la crisis financiera global. Los ataques a lo que se llama *Introducción a la economía* (*Econ 101*) han sido desproporcionados. El razonamiento económico básico es condenado tanto por ser simplista como por estar ideológicamente motivado. Una simple mirada a cualquiera de los principales libros de texto habría revelado lo contrario: la teoría de los fallos del mercado impera en los manuales, mientras que el análisis de los fallos del gobierno realizado por la elección pública apenas se menciona y, cuando lo hace, se trata de una mera ocurrencia tardía, en lugar de impactar ese ADN de la enseñanza y el razonamiento económico.

Para mí, los ataques a *Introducción a la economía* (*Econ 101*) han sido enormemente desacertados, y me preocupa por mi disciplina que las voces que defendieron los principios básicos del razonamiento económico desarrollados desde Adam Smith hasta Vernon Smith no sean defendidas con más fuerza por los profesionales en el aula y en el espacio público.

La economía básica, declaro aquí, no es simplista. Y enseñar economía básica es tan importante hoy como en cualquier momento de mi carrera como profesor y de economía y economía política.

Repasemos los conceptos básicos: vivimos en un mundo de escasez; como resultado de ello, los individuos precisan de concesiones (*trade-offs*), quieren negociar esas concesiones de la manera más eficaz posible y, para hacerlo, necesitan algunas ayudas para la mente humana, las cuales, dentro de una economía de mercado, son proporcionadas por los derechos de propiedad (incentivos), los precios (conocimiento) y las ganancias y pérdidas (retroalimentación para el aprendizaje). Si nos encontramos en ámbitos situados fuera de una economía de mercado, los individuos seguirán obligados a enfrentarse al hecho de la escasez y, por lo tanto, todavía tendrán la tarea de negociar concesiones, pero tendrán que hacerlo sin recurrir a derechos de propiedad, precios y ganancias y pérdidas.

Entonces, ¿qué les dará los incentivos, el conocimiento y la retroalimentación para el aprendizaje que les proporcionó el sistema de precios y la economía de mercado? Esta pregunta no niega categóricamente que en entornos fuera del ámbito del mercado, los actores tengan incentivos, conocimiento y aprendizaje. Por el contrario, es una invitación a investigar qué incentivos enfrentan, qué conocimiento adquieren, qué aprendizaje tiene lugar en esos ámbitos alternativos y qué propiedades poseen esos arreglos alternativos con respecto al logro del mejoramiento humano. Descartar la necesidad de hacer concesiones, o suponer que los mecanismos alternativos producen un mejoramiento humano resulta insatisfactorio. La investigación crítica es la única manera de abordar los problemas.

El marco de economía y economía política que estoy pidiendo a mis colegas de profesión que reafirmen en su enseñanza y en sus investigaciones científicas se basa, como dijimos antes, en la lógica de elección del individuo y en el análisis institucional de la lógica situacional. Esto es evidente no solo en los experimentos mentales de Adam Smith sobre la propensión individual al comercio, al trueque, al intercambio y la mano invisible, sino también en su aguda observación de las diferencias en el desempeño educativo en Oxford o Glasgow.

Y es evidente en los experimentos de laboratorio de Vernon Smith sobre la subasta doble ciega y el precio de equilibrio competitivo, así como en el análisis empírico de la sociabilidad humana en varios entornos de juegos no cooperativos. La economía es una herramienta para la comprensión social, pero en ningún caso una herramienta para el control social. Sí, como sugiere la frase de Mises —«economía del Estado Policial Prusiano»—, gran parte de las ciencias sociales en los siglos XX y XXI se basa en la idea de que solo es útil en la medida en que ayuda a la tarea del control social. Pero la economía básica desmonta esa visión y expone la «fatal arrogancia» de quienes quisieran convertir la ciencia económica en ese tipo de herramienta.

Aquellos de nosotros que, como Frank Knight, creemos en la naturaleza del sentido común del razonamiento económico debemos estar dispuestos a participar en la cruzada fútil por la alfabetización económica en la población general, a refinar continuamente nuestra comprensión de la economía básica y a persuadir a nuestros colegas en la disciplina de que no hay nada aburrido en trabajar con la aplicación persistente y consistente de los principios económicos para entender cómo funciona el mundo en toda su diversidad.

La economía básica no es simplista, y la claridad en la exposición de los principios de la economía debe valorarse más que la rapidez mental y la astucia en la presentación.

Como escribió James Buchanan en un ensayo titulado «La economía como una ciencia pública», la enseñanza es probablemente el trabajo más importante que cualquiera de nosotros realiza como economistas. La función didáctica de la economía es enseñar a los estudiantes los principios del orden espontáneo para que estos estudiantes puedan convertirse en participantes informados en el proceso democrático de toma de decisiones colectivas.

Buchanan sostiene que actualmente se está gastando demasiada energía intelectual en «acertijos estilizados» y no la suficiente en la «actividad repetitiva y a veces aburrida de 'enseñar' los principios de la ciencia largamente aceptados». «La economía y los economistas», insiste Buchanan, «deben hacer la distinción categórica entre la ciencia ficción y la realidad potencialmente alcanzable. No hacerlo puede producir resultados ejemplificados y experimentados en la tragedia humana de la búsqueda fallida del imposible ideal socialista de este siglo.»

La misión es clara, hay mucho en juego y los profesores de economía deben renovar su compromiso de enseñar y comunicar los principios básicos de la economía. Y una última cosa: no se vuelvan cínicos; abracen el desafío; y como profesores de una disciplina científica sutil, es vital recordar que los estudiantes recordarán lo que se enfatiza en clase, así que en todas las clases recalquen los principios duraderos que están incorporados en el pensamiento económico. Es hora de que el consenso de Paul Samuelson posterior a la Segunda Guerra

Mundial no solo sea desafiado por las contrarrevoluciones, sino reemplazado total y completamente por las enseñanzas de la contrarrevolución en un cuerpo coherente de pensamiento científico.

LA TIRANÍA PUEDE SER EL COSTE DE MALAS
POLÍTICAS PÚBLICAS

Imagina que te sientas a disfrutar de una buena comida casera con tu ser querido. Pero al dar el primer bocado, descubres que la comida es simplemente terrible. ¿Cómo sucedió eso? Nadie quiere prepararle una comida terrible a su ser querido a propósito. Algo ha salido mal, quizás de forma horrible.

¿Cuál podría ser la explicación? Quizás los ingredientes son de mala calidad. O tal vez se trata simplemente de una mala receta. También podría ser que el horno o la estufa no estén funcionando correctamente. Y, finalmente, podría ser que los ingredientes fueran excelentes, el horno funcionara perfectamente, la receta fuera genial, pero simplemente seas un mal cocinero y ejecutaras la preparación de la comida de manera incorrecta.

Hay lecciones importantes que aprender de esta mala experiencia.

Intentar y fallar

Quiero sugerir que esto es similar a la discusión crítica sobre la política pública. Cuando las soluciones llevadas a cabo desde la política salen mal, las culpables pueden las ser malas ideas o la mala ejecución de buenas ideas. En cualquier caso, las políticas públicas se desvían de las preferencias de los ciudadanos. Esto se vuelve particularmente problemático cuando los costos de las políticas públicas se transfieren al futuro.

Como nos ha enseñado el análisis de la elección pública, existe una cierta lógica en la deliberación democrática sobre las políticas públicas, que tiende a concentrar los beneficios en los bien organizados y bien informados a corto plazo, y a dispersar los costos en los desorganizados y mal informados a largo plazo. Esta lógica nos ayuda a explicar por qué hemos visto un gasto deficitario permanente en las democracias occidentales y políticas que priorizan el alivio a corto plazo de la volatilidad económica sobre el crecimiento económico a largo plazo. Pero si no tenemos en cuenta estos costos a largo plazo en nuestras discusiones sobre políticas públicas, no estamos realizando un análisis adecuado.

Considera el trabajo de mis colegas Chris Coyne y Abigail Hall, en *La tiranía llega a casa* (2018). Es un examen devastador de las consecuencias de las aventureras militares en el extranjero sobre las libertades domésticas. Ellos llaman a esto el «efecto bumerang» y brindan ejemplos como la vigilancia reforzada, la militarización de la policía y las violaciones de los derechos humanos.

Coyne y Hall demuestran que este efecto bumerang no es un fenómeno nuevo, sino que tiene raíces profundas en la historia militar de los Estados Unidos, aunque hay un efecto erosivo acumulativo sobre el entorno de la libertad. ¿Qué trágico es que las intervenciones extranjeras se justifiquen como protección de las libertades domésticas, pero esas libertades se pierden a manos de quienes se esperaba que las protegieran?

Coyne y Hall concluyen que (1) los costos de las intervenciones extranjeras se subestiman en gran medida; (2) las restricciones formales existentes sobre el abuso de poder por parte del gobierno se doblegan y eventualmente se rompen ante las necesidades de la guerra; y (3) la ideología puede ser útil para limitar, y que esa ideología debe ser una ideología anti-guerra. La respuesta entonces debe ser que los científicos sociales expongan los verdaderos costos de la intervención extranjera, no solo en términos de desembolsos monetarios, sino también en términos de vidas y libertades perdidas.

Dado que «la guerra es la salud del Estado», como dijo tan elocuentemente Randolph Bourne, las restricciones formales siempre desaparecerán. Los intelectuales de la Era Progresista sostuvieron que es necesario ignorar las constituciones. Estas reglas formales solo son tan vinculantes como la ideología subyacente que las sustenta. Coyne y Hall se declaran a favor del cultivo de una ideología anti-guerra coherente, fundamentada en el análisis económico de los verdaderos costos de la militarización. Esto incluye examinar incentivos perversos, la distorsión de las señales de mercado y la retroalimentación democrática, así como la pérdida de libertad y dignidad humanas. Si se tienen en cuenta todos estos costos, entonces el cálculo inicial de la decisión podría desembocar en un enfoque más cauteloso ante las intervenciones militares extranjeras.

Friedrich Hayek explica detalladamente por qué en el ámbito de las políticas públicas es importante insistir en que se mantenga el principio frente a la conveniencia. Los argumentos a favor de la conveniencia subestiman el verdadero costo de las políticas públicas porque descuidan los resultados beneficiosos de lo que habría ocurrido bajo un principio general de libertad. Los beneficios propuestos por el camino conveniente son concretos, pero los costos son invisibles.

El argumento de Hayek es, en muchos sentidos, una reafirmación moderna de la insistencia de Bastiat en que una buena economía debe considerar no solo las consecuencias visibles de una medida política, sino también aquellas que son invisibles. Como consecuencia, los costos de las políticas públicas suelen subestimarse porque el contrafáctico que habría ocurrido bajo un principio de libertad no se produce bajo las falsas promesas de la conveniencia.

Quizás la única forma de ganar este juego sea no jugar en absoluto. Si el brillante libro de Coyne y Hall puede simplemente introducir la consideración de estos costos para nuestras libertades domésticas en el discurso político sobre a las intervenciones extranjeras, habrán elevado la conversación mucho más allá de donde se encuentra ahora, y habrán contribuido en gran medida a salvar no solo los recursos financieros desperdiciados en el aventurerismo militar en el extranjero, sino también vidas y libertades, tanto extranjeras como domésticas.

¿Puedes pensar en un uso más importante del razonamiento económico básico? Yo no puedo.

He tenido la suerte en mi carrera académica de formar parte de algunas aventuras intelectuales increíbles. Hace casi veinte años, Douglass North estaba trabajando en un libro que acabaría por convertirse en *Comprender el proceso del cambio económico* (1999). Para ayudar en ese proceso organizó una serie de conferencias con el Mercatus Center.

El enfoque de las conferencias abarcó desde la psicología cognitiva y la filosofía de la mente hasta la economía institucional y la historia económica. Fui invitado a formar parte de estos grupos de trabajo y, eventualmente, nos reunimos para discutir borradores del libro de North. Pero otros en el grupo también estaban trabajando en sus libros, por lo que seguimos organizando estas conferencias de manuscritos para libros que se encontraban en proceso de redacción. Entre ellos se incluyen obras de Avner Greif, Timur Kuran, Deirdre McCloskey, Joel Mokyr y North con John Wallis y Barry Weingast.

De hecho, estas conferencias fueron el tema de una historia en *The Chronicle of Higher Education* en 2014. Mi próximo libro, *Gobernanza pública y la perspectiva liberal clásica* (2019), escrito junto a Paul Aligica y Vlad Tarko, se benefició enormemente de una de estas conferencias en las que se discutieron manuscritos en una fase formativa de su proceso de escritura.

Otra increíble aventura intelectual en la que he participado es nuestro programa de Becas Adam Smith en Mercatus. Este programa comenzó hace menos de una década con 15 estudiantes y tres profesores, y ahora ha crecido a más de 100 estudiantes y una docena de profesores. El núcleo del programa se basa en una intensa lectura de obras de Ludwig von Mises, Friedrich Hayek, James Buchanan, Gordon Tullock, y Vincent y Elinor Ostrom, así como de autores clásicos en filosofía, política y economía como Adam Smith, David Hume y John Stuart Mill.

El programa de becas Adam Smith explora los fundamentos mismos de la economía pública y la sociedad democrática. Esta, por supuesto, fue el área de exploración académica de James M. Buchanan, ganador del Premio Nobel en ciencias económicas en 1986. También fue el área de exploración académica para Elinor Ostrom, ganadora del Premio Nobel en 2009. Tanto Buchanan como Ostrom fueron figuras que contribuyeron significativamente al avance de la investigación en elección pública y economía política en la segunda mitad del siglo XX y en el siglo XXI.

Cuestiones espinosas

Con demasiada frecuencia, los economistas y científicos sociales, y ciertamente el público en general, pasan por alto las cuestiones espinosas de la economía pública en una sociedad democrática. La suposición de que existe un vínculo estrecho entre la comunidad pública y la comunidad política, y de que existe una maquinaria para asegurar el correcto funcionamiento de ese vínculo estrecho, simplemente es imprecisa.

Permítanme definir la comunidad pública como aquellos que se ven afectados por las decisiones gubernamentales, y a la comunidad política como aquellos que se toman en cuenta en la ponderación de las decisiones gubernamentales. Las decisiones políticas tienen efectos externos significativos, para que las decisiones gubernamentales sean democráticas, las externalidades negativas de tales decisiones deberían estar limitadas o ser inexistentes.

Esto, por supuesto, se discute brillantemente en *El cálculo del consentimiento* (1962), en el que James Buchanan y Gordon Tullock analizan los costos externos de las decisiones políticas y los costos de la unanimidad en la toma de decisiones. Una regla de unanimidad (100% de acuerdo) eliminaría todas las externalidades negativas de la política, pero haría que la toma de decisiones fuera prohibitivamente costosa. Buchanan y Tullock proponen hacer una compensación sumando los dos costos y minimizando la suma. Esta es su respuesta analítica moderna a la eterna pregunta de Jean-Jacques Rousseau sobre cómo las personas pueden ser libres mientras están sujetas a voluntades ajenas.

Todo esto puede parecer muy filosófico, pero se vuelve muy práctico si lo piensas por un momento. Para que nuestra estructura política cumpla con los estándares establecidos por el principio democrático de tratarnos unos a otros con igualdad y dignidad, debemos tener un marco analítico que ayude a responder preguntas sobre el alcance y el grado de las decisiones gubernamentales, así como a responder preguntas sobre el cómo, qué y para quién de los bienes y servicios públicos. Por definición, en el sector público no podemos confiar en los precios de mercado para obtener las respuestas. Estamos en el ámbito de la toma de decisiones fuera del mercado.

Como dijo Ludwig von Mises en *La acción humana*: «Donde el cálculo económico es inviable, los métodos burocráticos son indispensables» ([1949] 2007, 311). Para decirlo de manera concreta, las reglas de la gestión burocrática tendrán que intentar hacer por los servicios gubernamentales lo que la propiedad, los precios y la contabilidad de ganancias y pérdidas hacen dentro del mercado. No te equivoques, los tomadores de decisiones gubernamentales tienen que hacer concesiones y enfrentan, aunque de manera imperfecta, restricciones presupuestarias.

Como señala Mises: «No hay duda de que los servicios prestados por el Departamento de Policía de la ciudad de Nueva York podrían mejorarse considerablemente triplicando la asignación presupuestaria. Pero la cuestión es si esta mejora tendría el suficiente impacto como para justificar la restricción de los servicios prestados por otros departamentos por ejemplo, los del Departamento de Saneamiento o la restricción del consumo privado de los contribuyentes» ([1949] 2007, 309).

La administración pública comienza, en esencia, donde cesa el ámbito del cálculo económico. Pero, ¿cómo van a lograr esto los tomadores de decisiones gubernamentales? Los estudiosos de las finanzas públicas y la economía pública han desarrollado las ideas de equivalencia fiscal y el principio del beneficio para abordar estas cuestiones. Básicamente, la equivalencia fiscal significa que las responsabilidades gubernamentales deben dividirse de manera que haya una correspondencia entre la externalidad que aborda y la unidad de decisión responsable de abordarla. No necesitamos que el gobierno federal se encargue de recolectar la basura, y no esperamos que nuestro ayuntamiento tome decisiones con respecto a la defensa nacional.

Además, el principio del beneficio dice que una tributación justa implica que aquellos que se benefician de los bienes y servicios públicos pagan el impuesto y aquellos que no reciben los beneficios no lo hacen. Ver ambas ideas simultáneamente proporciona el contexto necesario para organizar el sistema político democrático de una manera que alinee al público relevante con la comunidad política relevante.

El hábito de teorizar

Pero espera un segundo: ¿he dicho cómo se hace esto, o simplemente he proporcionado una descripción de lo que debe hacerse si el gobierno va a operar según principios democráticos? Una de las razones por las que los economistas tienden a pasar por alto esta distinción es su costumbre de trabajar en economía pública con modelos teóricos que postulan una función de bienestar social estable y la ficción de un planificador social benevolente y omnisciente.

Desde el comienzo de su carrera, James Buchanan se opuso a estos modelos y argumentó que debemos rechazar la suposición de que el Estado es benevolente y omnisciente (el «fisco», como lo llamó en su artículo de 1949) y, en cambio, modelar la política como un proceso de negociación. (Véase también Coyne 2015). Pero se trata de un proceso de negociación peculiar. Vincent y Elinor Ostrom plantearon el problema con gran elocuencia:

> Mientras que los ingresos recibidos por proporcionar un bien privado transmiten información sobre la demanda de ese bien, los impuestos recaudados bajo la amenaza de coerción dicen poco sobre la demanda de un bien o servicio público. El pago de impuestos solo indica que los contribuyentes prefieren pagar impuestos a ir a la cárcel. Se revela poca o ninguna información sobre las preferencias de los usuarios por los bienes obtenidos con gastos financiados por impuestos ([1977] 1999, 84).

En consecuencia, argumentan, la economía pública debe buscar constantemente acuerdos para la toma de decisiones colectivas que reflejen las preferencias individuales.

Si esto no es posible, entonces cualquier esperanza de gobernanza verdaderamente democrática a través del sector público desaparece. Se toman decisiones colectivas que no reflejan las preferencias de la gente. Se imponen costos a algunos para el beneficio de otros. Los bucles de retroalimentación que en teoría mantienen a los tomadores de decisiones gubernamentales atentos a las demandas de los ciudadanos están sueltos o completamente rotos.

En esta situación, el imperativo gubernamental de frenar la depredación privada da como resultado la creación de oportunidades para la depredación pública y la explotación de muchos en el ámbito de la comunidad pública por parte de unos pocos en la comunidad política. En lugar de una democracia liberal, nos enfrentamos a la realidad de una política basada en la discriminación y el ejercicio del dominio sobre los demás. Volviendo a Rousseau, no podemos encontrar en la lógica de esa situación ninguna manera de asegurar que las personas puedan ser libres mientras estén sujetas a voluntades diferentes de las suyas propias.

Sin la capacidad de fijar precios con precisión a los bienes públicos, las decisiones políticas no minimizan las externalidades, y la autoridad para la toma las decisiones no está organizada de manera que iguale el tamaño de la externalidad con la unidad de decisión adecuada para la tarea. En un análisis comparativo adecuado de la gobernanza, esta insatisfactoria respuesta a preguntas básicas en la economía pública debería obligarnos a reexaminar los argumentos a favor de la gobernanza privada (ver Stringham 2005, 2007, 2015).

Quizás las afirmaciones sobre la ineficiencia de la provisión privada de gobernanza sean exageradas cuando se compara y contrasta esa provisión con la provisión pública de gobernanza. En cambio, en el análisis comparativo de los sistemas políticos y económicos deberíamos adoptar una presunción a favor de la emergencia de la autogobernanza (ver Boettke y Leeson 2015). Peter Leeson (2014) lo ha expresado de una manera muy sucinta: la autogobernanza funciona mejor de lo que piensas.

La incapacidad de obtener procesos precisos que revelen la demanda adecuada en la provisión de bienes públicos es un secreto oculto en la economía pública y la economía política. Se han propuesto varios mecanismos que pretenden resolver el problema, pero lo hacen en teoría y no en la práctica.

Las supuestas soluciones tienden a basarse en suposiciones que en realidad eluden el problema en lugar de abordarlo. La disfunción en el sector público es generalizada. Las decisiones no se toman de manera democrática, sino de acuerdo con la lógica básica de la política: concentrar los beneficios en los bien organizados y bien informados, dispersar los costos en los desorganizados y mal informados, y hacerlo de manera que concentre esos beneficios a corto plazo y disperse esos costos a largo plazo.

Este es el negocio ordinario, pero peculiar, de la política. Llevada al extremo, nuestra política no solo crea una división entre el público y la comunidad política, sino que también coloca a ciertos actores políticos privilegiados en posición de tiranos sobre sus conciudadanos. Ellos gobiernan sobre los demás y no con los demás en la sociedad que está expuesta a examen.

A partir de una pregunta tan simple como la de cómo las autoridades valoran las escuelas a las que asisten tus hijos, las carreteras por las que conduces diariamente y los servicios policiales de los que dependes para proteger tu persona y propiedad, uno puede contemplar y discutir las preguntas más profundas de la filosofía social relacionadas con la libertad, la dignidad y el trato igualitario. Esa es una conversación que vale mucho la pena tener.

La tercera lección de la economía

En la radio y en sus escritos para *The Nation*, *Newsweek*, *The Wall Street Journal* y *The New York Times*, Henry Hazlitt fue *la* voz de la economía de libre mercado durante la Gran Depresión e inmediatamente después. Trasladó al público las ideas de pensadores como Ludwig von Mises, Lionel Robbins y F.A. Hayek, utilizando su trabajo para explicar los problemas de la planificación central, los beneficios del comercio internacional y las formas en que el dinero sano y la responsabilidad fiscal pueden contrarrestar la volatilidad económica.

El libro más famoso de Henry Hazlitt es *La economía en una lección* (1946). John Quiggin, un economista de la Universidad de Queensland en Australia, ha escrito ahora *La economía en dos lecciones* (2019). La segunda lección, nos dice Quiggin, es que los mercados sufren de efectos externos, poder de monopolio, provisión insuficiente de bienes públicos, volatilidad macroeconómica y desigualdad.

El libro de Quiggin resulta atractivo y está bien escrito, y resume tan bien como cualquier otro trabajo los argumentos económicos a favor de un gobierno activista. Pero sería más convincente si el autor estuviera un poco más actualizado sobre lo que ha ocurrido en la disciplina desde 1980. Quiggin reconoce las contribuciones de las escuelas de economía austriaca, de Chicago y de la nueva escuela institucional. Pero sostiene, erróneamente, que desdes entonces estas han sido refutadas teórica y empíricamente.

La historia del debate entre gobierno y mercado puede dividirse en tres etapas. La primera imagina mercados perfectos y un gobierno perfecto, y luego favorece los mercados para resolver problemas económicos. La segunda imagina mercados imperfectos y un gobierno perfecto, y luego favorece la intervención del gobierno. La tercera imagina mercados imperfectos y un gobierno imperfecto; admite que los fallos del mercado son reales, pero argumenta que, no obstante, deberíamos recurrir a los mercados para solucionarlos. Quiggin identifica erróneamente a Hazlitt con la Etapa 1, pero en realidad ofreció una versión temprana de la Etapa 3.

La propia presentación de Quiggin es pura Etapa 2. Gran parte del libro se dedica a mostrar que los mercados no son perfectos y a señalar que muchos economistas ya han destacado este punto. Le frustra que la Etapa 1 deba ser refutada continuamente; en otro libro, denomina a su persistencia 'economía zombi'. Pero para los economistas que han pasado por este debate y operan en la Etapa 3, *La economía en dos lecciones* es su propia forma de economía zombi.

La economía en una lección se centró en la idea de que una economía sólida considera no solo las consecuencias inmediatas y previstas de una política pública, sino también sus consecuencias indirectas e imprevistas. Quiggin resume el mensaje de Hazlitt de manera un poco diferente, como un argumento de que los precios de mercado reflejan completamente los costos de oportunidad; es decir, que el valor de los bienes producidos es igual al valor del siguiente mejor uso alternativo de los recursos que se destinaron a ellos, lo que resulta en una eficiencia perfecta en el intercambio y la producción. En pocas palabras, esto significaría que el mejor de todos los mundos posibles se lograría a través del mecanismo del mercado.

Pero Hazlitt comprendió que un mercado nunca es perfecto, ni está en equilibrio. El sistema de precios guía a las personas para que descubran beneficios mutuos del comercio, incitándolas a encontrar los usos más valiosos para los recursos escasos y, por lo tanto, moviendo todo el sistema hacia una asignación de recursos más eficiente. Al ignorar esos matices, Quiggin termina reduciendo la lección de Hazlitt a «los mercados funcionan bien cuando funcionan perfectamente», y cuando no funcionan perfectamente, dice Quiggin, necesitamos que el gobierno solucione los problemas.

Un tema particularmente crítico, que Quiggin cree que el mercado es incapaz de abordar, es el cambio climático. Dado que nadie es propietario del clima, los precios no pueden comunicar información importante sobre cuánto efecto está teniendo una actividad económica. Sin precios, los actores económicos no pueden coordinar sus planes de manera que incorporen información sobre el cambio climático y luego adaptarse y ajustarse en consecuencia. Pero, como veremos, Quiggin está discutiendo con un hombre de paja.

La economía en dos lecciones menciona, pero realmente no aborda la elección pública (que aplica las teorías y métodos de la economía a la política); el derecho y la economía (que aplica la economía al análisis del derecho); la economía de los derechos de propiedad (el estudio de la propiedad como una institución económica subyacente); y la economía del proceso del mercado (que considera que el orden del mercado tiene que ver fundamentalmente con el intercambio y las instituciones dentro de las cuales se lleva a cabo el intercambio). Estos campos simplemente no forman parte del ADN intelectual de Quiggin, por lo que regresa una y otra vez a la alta teoría de 1950 a 1980.

Las ideas básicas detrás de estos campos formaban parte del conocimiento común de la economía política clásica. Pero el consenso al que se opuso Hazlitt, plasmado en el trabajo del difunto economista del Instituto de Tecnología de Massachusetts, Paul Samuelson, ignoró estas tradiciones. Después de 1950, académicos como Armen Alchian y Harold Demsetz tuvieron que redescubrir el análisis de los derechos de propiedad, del mismo modo que Ronald Coase tuvo que presionar a los economistas para que entendieran cómo los arreglos legales alternativos afectan el desempeño económico y James Buchanan y Gordon Tullock tuvieron que explicar cómo funcionaba el proceso político en las democracias modernas. Y, aunque Joseph Schumpeter había hablado durante mucho tiempo sobre el papel del empresario como un componente necesario de cualquier explicación del proceso del mercado, el modelo de competencia perfecta de la era de Samuelson eliminó la necesidad analítica del empresario. Por tanto, la adaptación y el ajuste constantes del proceso de mercado a las circunstancias cambiantes eran poco más que una plaga analítica para el teórico económico. Cuando se tienen en cuenta estas ideas, la teoría de los fallos de mercado que Quiggin reclama como la segunda lección de la economía se vuelve más complicada de lo que él reconoce ante sus lectores.

Esto limita su discusión sobre varios temas, incluido el mencionado asunto del cambio climático. Aquí retrata a sus oponentes como practicantes de la economía de la Etapa 1, luego sostiene que cuando esos argumentos fallan, se retiran a negar las afirmaciones sobre la ciencia climática. Pero esta no es la posición adoptada por economistas como Thomas Schelling y William Nordhaus. Ellos, en cambio, han examinado los ajustes y las adaptaciones que se producen como consecuencia del cambio climático, tanto en términos de cambios en los precios relativos que dirigen la actividad económica hacia una utilización más eficiente de los recursos escasos como en términos de innovaciones tecnológicas que son a la vez menos costosas y ecológicamente más amigables. También han explorado las disfunciones que pueden surgir cuando la toma de decisiones gubernamentales no está controlada por la disciplina del mercado; por ejemplo, la degradación ambiental que afecta a muchos recursos comunes gestionados públicamente.

El fracaso de Quiggin a la hora de abordar las lecciones de la economía de la Etapa 3 también limita su análisis de la política antimonopolio. En su opinión, la ley es culpable de inclinar la economía hacia el monopolio en lugar de la competencia. Pero los economistas de la Etapa 3 han demostrado que el paradigma que dominó la economía antimonopolio y regulatoria desde aproximadamente 1950 hasta 1980 fue una guía deficiente para la política.

Según ese enfoque, los analistas económicos podían medir la concentración de la industria y, a partir de eso, inferir si la conducta de precios de una empresa se aproximaría a la de una empresa competitiva o a una empresa con poder de monopolio. Luego podrían hacer otra inferencia sobre si el rendimiento de la industria era óptimo o subóptimo. Si se juzga subóptimo, entonces el gobierno intervendría como corrector.»

Pero en *La paradoja antimonopolio* (1978), Robert Bork argumentó que cualquier esfuerzo por ajustar la economía a la imagen de los manuales de una economía perfectamente competitiva tendría el mismo efecto sobre la producción industrial que unas pocas bombas nucleares colocadas estratégicamente. Otros economistas de la Etapa 3 demostraron cómo las empresas utilizaron la normativa antimonopolio para protegerse de los rigores de la competencia, en lugar de garantizar un entorno competitivo. También mostraron que el descubrimiento empresarial y la creatividad son las principales fuerzas del progreso económico, fuerzas pasadas por alto en la concepción estática del mercado del antiguo paradigma.

En cada tema que abordaron, los académicos de la Etapa 3 reconocieron que los seres humanos son imperfectos y que interactuamos entre nosotros en un mundo imperfecto mediado por instituciones imperfectas. Debemos lidiar con burócratas torpes así como con empresarios que cometen errores. Eso requiere instituciones que proporcionen retroalimentación y estimulación, que dirijan y redirijan nuestros esfuerzos para que podamos actuar con menos errores que anteriormente. La segunda lección de economía, entendida correctamente, en realidad no es que los mercados fallen; es que las instituciones importan.

Las instituciones importan porque estructuran los incentivos que enfrentan los tomadores de decisiones económicas, y las instituciones transmiten la información que los actores deben procesar para negociar los entornos en los que interactúan. Son las instituciones las que determinan cómo buscamos la especialización productiva y si podremos alcanzar una cooperación social pacífica a través de intercambios mutuamente beneficiosos. Así, la segunda lección conduce naturalmente a la tercera lección de economía que requiere un análisis institucional comparativo de la toma de decisiones en mercado y fuera de ellos.

Para los economistas que informaron a Hazlitt y que han trabajado en su tradición desde entonces, los mercados nunca son perfectos. Los mercados siempre están en un proceso de devenir, y en ese proceso es donde vemos la constante adaptación y ajustes que coordinan las actividades económicas a lo largo del tiempo. Hayek calificó de maravillosa esta compleja coordinación a través del mercado. El libro de Quiggin no capta esta maravilla, y solo contempla soluciones a través del esfuerzo concertado de la autoridad gubernamental. Fue él, no aquellos que siguen los pasos de Henry Hazlitt, quien interrumpió la lección demasiado pronto.

Acabo de regresar de impartir clases en el programa de Filosofía, Política y Economía (M.A.) del Instituto CEVRO. Este
es el segundo año de esta excelente oportunidad educativa
que inició el profesor Josef Sima. Otros profesores del programa incluyen a Michael Munger (Duke, Ciencia Política) y
David Schmidtz (Arizona, Filosofía).

Mis conferencias forman parte de un programa interdisci-
plinario de estudios avanzados, y estoy muy persuadido por
la advertencia de F.A. Hayek: «Pero nadie puede ser un gran
economista si solo es economista, y hasta me atrevo a añadir
que el economista que es solo un economista probablemente
se convierta en una molestia, si no en un peligro real.»

Mis títulos son en economía, mis afiliaciones departamen-
tales son en economía y todas mis membresías en asociaciones
profesionales son en economía. Pero, ¿qué tipo de economista soy?

Las etiquetas son a menudo abreviaturas útiles, pero también pueden confundir y distorsionar. Consideremos los debates de los economistas y sus diversos puntos de vista sobre
la forma en que funciona el mundo.

Etiquetas

En el gran esquema de la profesión económica, solía ser
común describir a varios pensadores como economistas de
«agua dulce» y «agua salada». Esto fue después de años en
los que la división era entre «monetaristas» y «keynesianos».

El término «economía de la escuela de Chicago» se utilizó durante mucho tiempo como abreviatura de una serie de
suposiciones ideológicas que, de hecho, no eran ampliamente
aceptadas por los pensadores en cuestión. Para ellos, solo estaban haciendo teoría de precios, mientras que otros ignoraban
las lecciones de la teoría de precios para el análisis económico.

A nivel más personal, en un artículo crítico de un periódico me calificaron de «economista doctrinario de libre mercado». Sin embargo, la fuente de esta etiqueta fui yo mismo. Cuando me llamo así, normalmente es en el contexto de mostrar que incluso yo (un economista doctrinario de libre mercado) veo el atractivo que ejercen algunos esquemas redistributivos o políticas intervencionistas.

Suelo etiquetarme de esa manera en un esfuerzo por demostrar empatía con un conjunto de valores y para obligar a la audiencia a pensar sobre la relación entre medios y fines en el discurso de políticas públicas. El hecho de que debamos hacer algo, no significa que podamos hacerlo, como le gusta enfatizar a mi amigo Steve Horwitz. No estoy entablando una discusión sobre los fines; se trata de una discusión sobre la capacidad de los medios elegidos para lograr los fines buscados.

El análisis de medios y fines, donde los analistas consideran los fines como dados y restringen su investigación a la lógica y la evidencia empírica de la consistencia de los medios (políticos) elegidos con los fines dados, era el tema habitual de la economía positiva antes de que la confusa filosofía de la ciencia conocida como positivismo introdujera una noción más instrumental de la ciencia y práctica económica: modelado «como si» y pruebas de hipótesis. Necesitamos abrazar la economía positiva, al igual que debemos rechazar el cientificismo positivista.

Economía de la vieja escuela

Practico la economía positiva en esta tradición más antigua. En eso me formé intelectualmente bajo la tutela del profesor Hans Sennholz en el Grove City College, y para eso me capacitaron en la Escuela de Posgrado en la Universidad George Mason con James Buchanan y Don Lavoie y durante mis primeros años como economista académico trabajando con Israel Kirzner y Mario Rizzo en la Universidad de Nueva York. Por supuesto, todos estos profesores y colegas entendieron que uno podía, y tal vez incluso debería, discutir y debatir sobre los fines, pero no cuando se hace economía entendida adecuadamente. La economía política y la filosofía social, en esta representación, emergen como disciplinas relevantes para los valores solo en la medida en que la ciencia económica se practica como una disciplina neutral en valores lo mejor que es humanamente posible.

Una forma de pensar.

Una forma de pensar

Desde mi perspectiva, existe un núcleo del pensamiento económico que se puede rastrear desde Adam Smith hasta Vernon Smith que se vincula con ideas básicas sobre la racionalidad humana, la sociabilidad humana y la coordinación de la actividad a lo largo del tiempo. Los incentivos, la información y la innovación son parte de este núcleo, ya que derivan de ideas aún más primordiales como la propiedad, los precios y la contabilidad de pérdidas y ganancias.

Vivimos en un mundo de escasez. La escasez implica que tenemos que hacer frente a concesiones y debemos esperar que esas concesiones se negocien de la manera más efectiva posible. Para lograr esa negociación de concesiones y coordinar nuestras actividades con los demás, que también están negociando concesiones, necesitamos ayudas para la mente humana. Esas ayudas se presentan en forma de incentivos potentes y señales claras que nos permiten realizar cálculos económicos.

Una de las muchas implicaciones que se derivan de esto es que las curvas de demanda tendrán una pendiente descendente y las curvas de oferta tendrán una pendiente ascendente. La forma y la magnitud de los efectos que se derivan de esta proposición son cuestiones empíricas y están en gran medida determinadas por la variedad de sustitutos disponibles para los tomadores de decisiones económicas. Pero la lógica esencial se asienta en un estilo de razonamiento que intenta derivar el teorema de la mano invisible del postulado de la elección racional a través del análisis institucional.

Los principios de David Hume de estabilidad de la posesión, transferencia por consentimiento y cumplimiento de promesas —en otras palabras, propiedad, contrato y consentimiento— proporcionan la infraestructura institucional dentro de la cual la búsqueda humana del mejoramiento individual se canaliza en la vida comercial hacia resultados deseables públicamente (por ejemplo, creando prosperidad generalizada y mejorando la situación de los menos favorecidos).

Nuevamente, la propiedad, los precios y la contabilidad de pérdidas y ganancias brindan a los actores económicos incentivos poderosos y señales informativas para asignar recursos, tiempo y esfuerzo a los usos más valorados. Proporcionan una retroalimentación constante sobre si esas asignaciones son las correctas y ofrecen los incentivos y la información que permite a los actores adaptarse constantemente para mejorar su cálculo de decisiones.

Este cálculo económico básico se aplica a todos las empresas humanas, y cuando nos encontramos fuera del ámbito del cálculo monetario del mercado, la pregunta para el analista es qué instituciones proporcionarán los mismos incentivos, información e innovación que la propiedad, los precios y la contabilidad de pérdidas y ganancias proporcionan en el mercado. ¿Posee la política electoral tales sustitutos institucionales? ¿La organización burocrática de la administración pública? ¿Qué hay de las entidades filantrópicas en el sector sin fines de lucro? ¿Cómo sopesan las personas los costos marginales y los beneficios marginales de las decisiones en los diferentes contextos de interacción humana?

Perspectivas económicas

Nada de lo que he dicho es «libertario» o tiene que ver con «el libre mercado», pero es economía. Consideremos, por ejemplo, las discusiones que han tenido lugar en los últimos años en NPR relacionadas con el permiso familiar remunerado. El economista en mí —no el libertario o defensor del libre mercado, sino el economista— entra en acción al escuchar la historia. Quiero pensar en el análisis de medios-fines y en las consecuencias lógicas de los diversos medios propuestos para obtener el fin deseado, y quiero aprender empíricamente todo lo que sea posible de experiencias políticas históricamente análogas.

Siento empatía con los fines buscados y no los cuestiono en lo más mínimo. Mi preocupación se centra únicamente en si los medios propuestos lograrían los fines perseguidos y a qué costo. Esto requiere reconocer que el permiso familiar remunerado tendrá un impacto en el mercado laboral y obliga a pensar en el impacto sobre los menos favorecidos en el mercado laboral (en la jerga económica, el empleado marginal).

Es en este punto que no solo pienso en la economía básica enseñada por Henry Hazlitt en *La economía en una lección* (1946) o Hans Sennholz en *La política del desempleo* (1987), sino también en análisis económicos más avanzados de los mercados laborales, como los de Casey Mulligan en *La recesión redistributiva* (2012). La idea básica de Mulligan es que si a través de políticas públicas se aumentan simultáneamente los costos de contratar individuos y se reducen los costos para los individuos de estar desempleados, entonces no debería sorprendernos un mercado laboral estancado que obstaculice la capacidad de las personas para ascender en la escala económica y aumentar sus ingresos.

Durante los últimos años, en conferencias en Asia, Europa y Estados Unidos, he destacado tres problemas que creo que los responsables de la política económica estadounidense tendrán que afrontar. De lo contrario, los problemas en la economía empeorarán y las tensiones en nuestra sociedad se acentuarán en lugar de aliviarse. Los problemas son (1) la brecha fiscal intergeneracional, (2) la estrategia de salida de la Reserva Federal desde las medidas extraordinarias posteriores a 2008 y (3) la desigualdad estructural que es evidente en todo Estados Unidos.

Desde mi perspectiva, los tres problemas están interrelacionados y vinculados a un período de más de sesenta años de la «economía de la ilusión» que se ha seguido en la política económica de Estados Unidos y Europa desde la Segunda Guerra Mundial. En esta lectura, el problema (3) no se debe a alguna ley fundamental del capitalismo, sino a las restricciones políticas que otorgan privilegios a unos pocos a expensas de muchos.

El sistema estadounidense se ha convertido en un sistema más basado en conexiones que en contratos, ya que la política de promesas ha sustituido a la política regida por principios generales. Pero, ¿qué pasa si los males sociales que vemos ante nosotros no se deben a malas prácticas sino a la lógica de la toma de decisiones individuales dentro del contexto institucional reorganizado de esta manera?

El mismo estilo de razonamiento que explica por qué los individuos que persiguen su interés propio pueden producir resultados públicamente deseables como la especialización productiva y la cooperación social pacífica dentro del contexto institucional específico de propiedad, contrato y consentimiento, también explica por qué esa búsqueda del interés propio en otros contextos institucionales como la política electoral ordinaria o la gestión burocrática en el sector público dan lugar a tragedias sociales y tensiones sociales.

Eso es economía, no libertarismo ni siquiera política de libre mercado, perseguida de manera persistente y consistente. A menos que nos alejemos de los hábitos de etiquetar a las personas y de los argumentos para encasillarlas y de ignorar nuestra cultura intelectual, seguiremos sin entender qué está causando los males sociales que nos aquejan, y mucho menos llegaremos a embarcarnos en un pensamiento creativo sobre cómo abordar estos males sociales. Eso sería trágico en muchas dimensiones.

«La próxima semana discutiremos la obra maestra».

Así concluyó el Dr. Hans Sennholz su seminario de posgrado durante mi tercer año en Grove City College. Poseía una copia de *La acción humana* (1949) desde mi primer año, pero el libro me intimidaba demasiado para estudiarlo realmente. Prefería leer *La economía en una lección* (1946) de Henry Hazlitt, *Planificar para la libertad* (1952) de Ludwig von Mises o *La era de la inflación* (1979) del propio Sennholz. Pero había leído esas obras a fondo. Y para entonces ya había asistido a un curso de un año de duración sobre la Historia del Pensamiento en Grove City, en el que leí clásicos como *La riqueza de las naciones* (1776) de Adam Smith, el *Tratado de economía política* (1803) de J.B. Say y los *Principios de economía política* (1848) de John Stuart Mill. También había leído *Socialismo* (1922) de Mises y *Camino de servidumbre* (1944) de Friedrich Hayek.

Como era un estudiante serio de la economía de libre mercado, Sennholz me invitó a unirme a su «seminario de posgrado», que se reunía los miércoles por la noche y en el que se leía a los clásicos. Ese año leímos *Principios* (1871) e *Investigaciones* (1883) de Carl Menger y *Capital e iInterés* (1884) de Eugen von Böhm-Bawerk. Así que, siguiendo las instrucciones de Sennholz, tomé mi ejemplar de *La acción humana* (1949) y fui a la biblioteca todas las noches hasta que leí el libro de principio a fin. Gracias a mi mentalidad de estudiante universitario y a la velocidad con la que intenté absorber el material, me perdí mucho más de lo que comprendí.

Pero lo que comprendí cambió mi vida.

Fue esa experiencia, más que ninguna otra, la que hizo darme cuenta de que quería ser economista, no solo un defensor del libre mercado. Un año más presenté mi solicitud y fui aceptado en la Facultad de Derecho, pero decidí posponer esta opción y en su lugar asistir a la Escuela de Posgrado en Economía. Estudiar economía de la forma en que Mises describió la disciplina en *La acción humana* parecía el camino adecuado.

Durante el año siguiente trabajé para aclarar mis malentendidos de Mises leyendo *El hombre, la economía y el Estado* (1962) de Murray Rothbard y *Cómo hacer más fácil a Mises* (1974) de Percy Greaves. Luego, en el segundo semestre de mi último año, releí *La acción humana* (1949) para un proyecto de fin de carrera con Sennholz sobre el *Methodenstreit* (la batalla de los austriacos con la Escuela Histórica alemana sobre la legitimidad de la teoría económica) y la relación entre Mises y Max Weber.

Un año después, cuando comencé la Escuela de Posgrado en la Universidad George Mason, el profesor Don Lavoie me impresionó cuando, en un curso de pregrado, levantó *La acción humana* (1949) y les dijo a los estudiantes: «Este es el mejor libro jamás escrito sobre economía. Amo este libro.» Entiendo lo que Lavoie quiso decir. Durante los últimos veinte años he tenido la buena fortuna de poder usar *La acción humana* en al menos un curso de doctorado cada año.

No hay sustituto

Para el estudiante estadounidense de economía, la presentación de Rothbard en *El hombre, la economía y el Estado* (1962) podría ser más directa que *La acción humana* (1949), y la discusión de Israel Kirzner en *Competencia y empresarialidad* (1973) retoma de modo más natural que *La acción humana* la teoría intermedia de precios. Pero para el estudiante serio de la Economía Austriaca, no hay sustituto para una lectura exhaustiva de *La acción humana*. Incluso *Individualismo y orden económico* (1948) de Friedrich Hayek se lee mejor como un complemento de la gran obra de Mises, ciertamente no como un sustituto si se espera comprender no solo el pensamiento y los argumentos de Hayek, sino también cómo funcionan realmente los mercados y por qué el gobierno no puede regular eficazmente, y mucho menos planificar, una economía moderna.

Desde su primera publicación, la gran obra de Mises ha sido malentendida. No es primariamente una obra de metodología; simplemente establece los fundamentos metodológicos al principio. No es primariamente una obra sobre los fallos del gobierno y la superioridad de la economía de mercado, aunque esa es una conclusión lógica que se deriva del análisis del intervencionismo y el socialismo en la obra. No es primariamente una obra sobre la teoría del mercado y el sistema de precios, aunque sí prioriza el espíritu empresarial y la búsqueda de ganancias y la disciplina de las pérdidas. No es primariamente una obra que trate sobre el dinero, el capital y el interés, pero sí dedica una parte considerable a la coordinación de actividades económicas a través del tiempo y dedica un espacio considerable a la naturaleza del dinero y el capital y el papel desempeñado por los intereses. Finalmente, *La acción humana* (1949) no se centra en los salarios de los trabajadores ni en el patrón del comercio internacional, pero sí expone la teoría económica de la fijación de precios de los factores, el principio de la ventaja comparativa en la asignación de la mano de obra y la división internacional del trabajo y los beneficios de la especialización y el intercambio.

La acción humana (1949) no es ninguna de estas cosas precisamente porque es todas estas cosas y más. Mises escribió economía no como si se tratara de una serie de temas especializados, sino como un todo integrado basado en el estudio consistente y persistente de la lógica de la acción humana intencional.

En mi opinión, ha habido dos grandes características que definen la economía desde su nacimiento como disciplina en el siglo XVIII: la capacidad autorreguladora de la economía de mercado (la mano invisible) y el interés propio (elección racional). La autorregulación fue el gran descubrimiento de los escolásticos de Salamanca, los fisiócratas franceses y los filósofos de la Ilustración escocesa. La Escuela Austriaca de Economía representa el refinamiento moderno de esta teoría clásica del orden espontáneo. Mises la heredó de Smith,

Say, Menger y Böhm-Bawerk y desarrolló el argumento aún más. La economía de libre mercado se corrige a sí misma a través de los ajustes de precios; las pérdidas, que eliminan a los tomadores de decisiones inadecuadas; y las ganancias para los tomadores de decisiones adecuadas. En el proceso, el mercado dirige los recursos escasos hacia actividades que crean riqueza y generan prosperidad general. A través de los precios relativos y la contabilidad de pérdidas y ganancias, los intercambios y las innovaciones de los individuos alinean la tecnología y la disponibilidad de recursos con las preferencias del consumidor.

Coordinación del consumo y producción

Una señal del genio de Mises es que su demostración de esta armonización fue más exhaustiva que cualquier otra anterior a él. Mostró cómo la acción intencional en el marco de la institución de la propiedad privada coordina los deseos de consumo y los planes de producción según los métodos de producción de menor costo. La economía de mercado de propiedad privada moviliza la iniciativa individual y permite a las personas calcular racionalmente los usos alternativos de los recursos escasos. Los consumidores, al comprar y abstenerse de comprar, crean ganancias y pérdidas que guían las decisiones empresariales y coordinan planes económicos a través del tiempo.

El trabajo de Mises sobre el cálculo económico racional proporcionó el argumento decisivo contra el socialismo, pero también explica la base del orden de mercado. El libre mercado permite el cálculo, el socialismo lo hace imposible y el intervencionismo lo distorsiona. Sin propiedad privada, libertad de contrato, estabilidad monetaria y responsabilidad fiscal, el proceso de cálculo económico racional se ve frustrado.

Adam Smith articuló la idea de la mano invisible, pero fue Mises quien explicó cómo funciona realmente la economía de mercado. *La acción humana* (1949) es la declaración más completa y sublime de Mises de esa explicación.

Para decirlo sin rodeos, *La acción humana* (1949) es la mayor obra de economía del siglo XX. Es el tratado de economía.

LUDWIG VON MISES, EL ACADÉMICO

Para todos los jóvenes, y no tan jóvenes, estudiantes de la libertad, recordemos algunas cosas sobre el gran Ludwig von Mises.

Renombrado y respetado

En primer lugar, fue un hombre de logros científicos significativos y gran reconocimiento. Su primer libro, *La teoría del dinero y del crédito* (1912), fue ampliamente leído y utilizado en la comunidad científica de habla alemana. Su obra *Socialismo: un análisis económico y sociológico* (1922) encendió la chispa de un debate científico que duró décadas.

Publicó en las principales revistas científicas de lengua alemana, así como en destacados medios filosóficos. Fue asesor de la Fundación Rockefeller para académicos europeos. Su puesto en Viena equivaldría al del presidente del Consejo de Asesores Económicos aquí en los Estados Unidos. Cuando se trasladó a la comunidad científica de habla inglesa (a los sesenta años de edad), trabajó para la Oficina Nacional de Investigación Económica (*National Bureau of Economic Research*) y publicó con la editorial de la Universidad de Yale y artículos en revistas como el *Economic Journal*.

Tanto en Viena como en la Universidad de Nueva York tuvo todos los privilegios de un profesor ordinario, lo que le permitió supervisar tesis y asesorar a estudiantes de posgrado (no era un profesor adjunto). Además, recordemos que fue honrado por el gobierno de Austria con su más alta distinción por sus logros científicos y fue Miembro Distinguido de la Asociación Americana de Economía.

Hombre del mundo

En segundo lugar, Mises fue un liberal cosmopolita que argumentó con fuerza en contra del colonialismo, el proteccionismo, el populismo, las restricciones a la migración y el totalitarismo de izquierda, derecha y centro. Esto lo convirtió en un blanco de interés tanto para los nazis como para los comunistas, lo que provocó la huida de Europa para salvar su vida. Además, desembocó en la confiscación de sus documentos privados y su biblioteca personal. Durante toda su dilatada carrera, defendió la libre circulación de capital y mano de obra a nivel internacional y apostó por una cooperación social pacífica basada en las aspiraciones kantianas de que los ciudadanos globales sean «extraños en ninguna parte de este mundo».

La economía de Mises informó su teoría política, no al revés. Realizó avances en la ciencia económica de naturaleza metodológica y analítica, y estos avances tuvieron implicaciones significativas para el análisis práctico de las políticas públicas.

No es un simple mártir

Es hora de que todos celebremos al verdadero Mises: el hombre de los grandes logros y reconocimientos científicos, un hombre cuyas contribuciones fueron reconocidas tanto por amigos como por enemigos, quien tuvo que mostrar gran coraje durante una época de persecución por las mayores amenazas a la libertad que enfrentó la humanidad en su tiempo, y que a una edad entonces relativamente avanzada tuvo que restablecerse en una nueva cultura trabajando en un nuevo idioma.

La suya no es una historia de martirio. La suya es una historia de gloria científica y coraje personal en una época muy oscura de la historia humana. Se enfrentó a esas fuerzas con las herramientas de la razón incorporadas en la ciencia económica en su máxima expresión y sobrevivió valientemente, proporcionándonos un ejemplo de economista científico, de estudioso audaz y creativo en los campos de la economía política y la filosofía social.

II.
BELLEZA Y ASOMBRO

EL MISTERIO DE LO MUNDANO

El mundo está lleno de maravillas, desde *FaceTime* hasta los viajes en avión. Pero la verdadera acción se encuentra en lo mundano en esas cosas cotidianas que damos por sentadas. La economía y la forma de pensar económicamente son indispensables para aprender a ver el misterio de lo mundano. Y cuando lo hacemos, es inspirador.

Esta es una de las ideas cruciales de *La forma de pensar económica* (1980 [2013]) de Paul Heyne, en la que he confiado durante más de 25 años (y de la cual, junto con David Prychitko, he sido coautor durante más de una década). Junto con otra regla —no enseñar en exceso los principios— podemos mostrar a otros que la economía forma parte de la vida cotidiana y no solo del aula.

No centrarse demasiado en enseñar los principios

La primera regla de Heyne era la siguiente: «Enseña los principios de la economía a tus estudiantes como si fuera la última vez que tomarán un curso de economía y será el primero de muchos.»

En otras palabras, no hay razón para enseñar economía básica poniendo el énfasis en las herramientas del razonamiento económico, como fórmulas matemáticas, gráficos y relaciones estadísticas. En cambio, quieres que tu audiencia se sienta intrigada por los conocimientos que uno puede obtener al aplicar persistente y consistentemente la forma de pensar económica a los enigmas y problemas que enfrentan en su vida diaria.

Debemos mostrar a nuestros estudiantes, o a cualquier persona con la que hablemos sobre economía, cómo los principios de la economía cobran sentido a la luz de la confusión que genera la economía moderna. Y debemos mostrar cómo aclarar y corregir las afirmaciones diarias que leen en los periódicos y escuchan de figuras políticas, analistas y pseudoexpertos que hablan sobre asuntos económicos.

Nuestro trabajo como profesores es ayudar a los estudiantes a filtrar el sinsentido y comenzar a comprender el mundo que los rodea. Por eso tenemos que equiparlos con las lentes adecuadas.

El misterio de lo mundano

La segunda regla de Paul era: «Permítete a tí mismo y a tus estudiantes sorprenderse por el misterio de lo mundano.»

Como decimos en la página 1: «Cuando hemos dado algo por sentado durante mucho tiempo, resulta muy difícil ver qué es a lo que nos hemos acostumbrado. Por eso rara vez notamos la existencia de orden en la sociedad y no podemos reconocer los procesos de coordinación social de los que dependemos todos los días.» No te centres exclusivamente en el milagro de cosas exóticas o peculiares como, por ejemplo, cómo podemos hacer *FaceTime* con nuestra familia al otro lado del país, qué fuerzas permiten que un avión vuele o por qué hizo eso Miley Cyrus. En su lugar, reconoce y asómbrate ante las hazañas de la cooperación social diaria en las que participas y de las que te beneficias. Piensa en el cómo, el qué y el porqué de los zapatos en tus pies, el sombrero que llevas en la cabeza, el automóvil que conduces, el teléfono inteligente en el que puedes estás leyendo estas palabras.

Adam Smith, al intentar que sus lectores apreciaran el misterio de lo mundano, revisó las numerosas especializaciones en la producción, las relaciones de intercambio que deben establecerse y los ajustes mutuos que deben realizarse continuamente solo para proporcionar el abrigo de lana común al ciudadano medio.

Más recientemente, el fundador de la Fundación para la Educación Económica (FEE), Leonard Read, usó el ejemplo del lápiz para transmitir la misma idea que Adam Smith cuando describió la producción de un abrigo de lana. Milton Friedman utilizó el lápiz de Read para explicar el poder del mercado para coordinar los asuntos económicos, en contraste con la tiranía de los controles gubernamentales que no lograban producir tal orden general.

F. A. Hayek usó el ejemplo de la orientación que proporciona el mercado sobre el uso del estaño en la producción y el consumo. Hayek quería mostrar la capacidad del sistema de precios para proporcionar la información e incentivos necesarios a los actores económicos, quienes deben ajustar sus comportamientos mutuamente hasta que se alcancen todos los beneficios mutuos del intercambio.

Adam Smith señaló en *La riqueza de las naciones* (1776) que todo hombre vive del intercambio. La coordinación exitosa de la actividad económica en una sociedad, en la que todos viven de la especialización y el intercambio, es un fenómeno extraordinariamente complejo. La metáfora de la «mano invisible» para caracterizar la economía de mercado —con su propiedad privada, precios relativos, el atractivo de las ganancias puras (sin mencionar la penalización de las pérdidas)— pretende captar la maravilla de esta compleja coordinación. La cooperación social se produce a través de un ajuste mutuo constante. Una vez que apreciamos este hecho, es fácil que dejemos de asombrarnos ante el milagro de todo esto. Hayek se refirió a la «maravilla del mercado» para intentar despertar a sus lectores de su complacencia intelectual.

La economía vista desde la ventana

Así que, mientras estudias economía este año como profesor, estudiante o lector ocasional, deja a un lado el capítulo o las notas de la clase y mira por la ventana de tu habitación. Conduce por la ciudad. Elige cualquier bien o servicio y rastrea todas las relaciones de intercambio que debieron haberse formado para que ese bien o servicio esté disponible para personas como tú. Desde servicios de jardinería hasta batidos de leche, la maravilla del mercado está a la vista. Si, al estudiar economía, te permites estar abierto al misterio de lo mundano, las enseñanzas de la economía serán mucho más fáciles de asimilar y apreciar.

¿CULPAR A LOS ECONOMISTAS?

El *New York Times* publicó este fin de semana un artículo de opinión de Binyamin Appelbaum titulado «Culpen a los economistas por el lío en el que estamos». Estoy totalmente a favor de que se derribe a los economistas de su pedestal. Lee el discurso que Hayek dio en el banquete del Premio Nobel.

> Su Majestad, Su Alteza Real, Damas y Caballeros,
> Ahora que se ha creado el Premio Nobel de Ciencias Económicas, no puedo más que sentirme profundamente agradecido por haber sido seleccionado como uno de sus ganadores, y los economistas ciertamente tienen muchas razones para estar agradecidos al Riksbank sueco por considerar su disciplina merecedora de este alto honor.
>
> Sin embargo, debo confesar que si me hubieran consultado sobre la conveniencia de establecer un Premio Nobel en Economía, habría desaconsejado su creación.

Temía que tal premio, como creo que es cierto para las actividades de algunas de las grandes fundaciones científicas, tendería a acentuar los vaivenes de la moda científica. Este temor ha sido brillantemente refutado por el comité de selección al otorgar el premio a alguien cuyas opiniones son tan poco convencionales como las mías.

Todavía no me siento plenamente tranquilo con respecto a mi segunda causa de preocupación. Es que el Premio Nobel confiere a un individuo una autoridad que en economía ningún hombre debería poseer.

Esto no importa en las ciencias naturales. Aquí, la influencia ejercida por un individuo es principalmente una influencia sobre sus colegas expertos; y ellos pronto lo pondrán en su lugar si excede sus competencias.

Pero la influencia del economista que realmente importa es la influencia que ejerce sobre los profanos: políticos, periodistas, funcionarios públicos y el público en general.

No hay ninguna razón por la que un hombre que ha hecho una contribución distintiva a la ciencia económica deba ser omnicompetente en todos los problemas de la sociedad, como la prensa tiende a tratarlo hasta que, al final, él mismo puede llegar a creerlo.

Incluso se llega a sentir que es un deber público pronunciarse sobre problemas a los que tal vez no se ha dedicado especial atención.

No estoy seguro de que sea deseable fortalecer la influencia de unos pocos economistas individuales mediante un acto tan ceremonial y llamativo de reonocimiento de logros, quizás del pasado lejano.

Por lo tanto, casi me inclino a sugerir que se exija a sus galardonados un juramento de humildad, una suerte de juramento hipocrático, de no exceder nunca el límite de su competencia en declaraciones públicas.

O al menos, al otorgar el premio, deberían recordar al receptor el sabio consejo de uno de los grandes hombres de nuestra disciplina, Alfred Marshall, quien escribió: «Los estudiantes de ciencias sociales deben temer la aprobación popular: el mal les acompaña cuando todos los hombres hablan bien de ellos.

Pero el problema va más allá de los economistas; se trata de cualquiera que se encuentre en esta posición de poder y prestigio, y hacerlo es fundamentalmente antidemocrático, como argumentaron Frank Knight en varios escritos, y luego Vincent Ostrom en *La crisis intelectual de la administración pública americana* (2008), y más recientemente David Levy y Sandra Peart en *Escapar de la democracia* (2016).

No podemos solucionar este problema reemplazando un grupo de «expertos» por otro. Tenemos que dejar de pensar por completo en la relación entre la economía y la administración pública en este sentido.

Trato de desarrollar el argumento en mi discurso de la SEA sobre «Economía y administración pública», que también sirvió como un intento de resumir dos décadas de investigación que varios de nosotros hemos emprendido con este espíritu. El argumento defendido en este texto es que la economía es una demanda derivada, si concebimos la tarea de la administración pública de una manera, que no solo moldeará la oferta y demanda de los economistas, sino que también dictará lo que significa formar un economista y, por tanto, lo que significa ser un economista.

El problema con narrativas como la de Appelbaum no es que él desonfíe de las pretensiones de los economistas; es que está culpando al culpable equivocado del lío en el que nos encontramos. Aquí es importante que cada uno de estos críticos lea el importante artículo de Gregory Mankiw, publicado antes de la crisis financiera, sobre los macroeconomistas como científicos (léase los nuevos clásicos de Chicago y monetaristas) y los macroeconomistas como ingenieros (léase los keynesianos y neo-keynesianos del MIT/Harvard).

La gente de Chicago —y los de Austria, Virginia, UCLA, etc.— no fueron a Washington, no redactaron leyes, no intentaron orquestar milagros económicos en el extranjero ni estimular el crecimiento interno. Enseñaron, dieron conferencias, investigaron, escribieron artículos en revistas y publicaron libros, y una parte de ellos escribieron editoriales de opinión y realizaron entrevistas en diversos medios de comunicación populares. En resumen, eran profesores y estudiantes de la sociedad. No se les pagaba por ser expertos para el gobierno. No eran asesores. Pero otros sí lo fueron: desde Keynes hasta Larry Summers. La lista es larga. Solo mira la cantidad de banqueros centrales que fueron estudiantes de doctorado con Stan Fischer en el MIT. ¿Puedes trazar ese mismo linaje hasta Milton Friedman? ¿Y hasta F. A. Hayek? ¿Mises? Exactamente, no lo creo.

El «neoliberalismo» es en realidad poco más que un esfuerzo por incorporar los modelos neoclásicos de eficiencia al funcionamiento de las agencias gubernamentales, lo que en otra época se llamaba «socialismo de mercado». Basta con mirar *La economía del control* (1944) de Abba Lerner. Él realmente pensaba que había encontrado la forma correcta de combinar las aspiraciones socialistas con las enseñanzas de la economía para garantizar la eficiencia microeconómica y la estabilidad macroeconómica, y proporcionar a los economistas las herramientas para dirigir con éxito el barco económico. Esa idea básica desde mediados del siglo XX hasta hoy nunca ha desaparecido en esos pasillos de poder; lo que ha surgido es una discusión entre el keynesianismo liberal (en el sentido americano) y el keynesianismo conservador, pero el keynesianismo existe en todas partes.

La síntesis neoclásica samuelsoniana logró el estatus que él esperaba y proporciona el significado que se esconde detrás de la afirmación realizada en su manual docente: «No me importa quién escriba las leyes de una nación [...] si yo puedo escribir sus libros de economía.»

Samuelson sabía que si podía controlar los supuestos tácitos de los funcionarios de política pública, entonces sus pensamientos y acciones estarían guiados por sus enseñanzas sobre los fallos del mercado, la inestabilidad macroeconómica y el gobierno como correctivo de nuestros males económicos. Fue un logro asombroso. Durante al menos una generación, quizás dos, controló tanto la introducción al mercado de la economía como la formación avanzada de estudiantes de doctorado en el mercado de la economía.

Pensadores de la generación anterior como Knight, Mises y Hayek se opusieron a esta hegemonía, pero también contemporáneos suyos como Alchian, Coase y Friedman, y por supuesto una generación más joven como Becker y Lucas, pero también Demsetz, Kirzner, etc. Pero, observa esos nombres. No fueron a Washington, DC para trabajar en agencias de política nacional o en agencias internacionales de política económica. Se sentían satisfechos en sus trabajos como académicos/profesores de economía. Eran humildes estudiantes de la sociedad, y algunos entre ellos alcanzaron la categoría de críticos sociales e intelectuales. Pero, una vez más, ninguno fue un maestro manipulador de los órganos de poder para intentar moldear la economía a imagen de su ideal.

El segundo problema con Appelbaum, además de apuntar al objetivo equivocado, es que narrativas como la suya tienden a sugerir que si tan solo «mejores personas» estuvieran en el poder y se les otorgara tal estima y prestigio, entonces tendríamos un gran sistema. Como Keynes le escribió a Hayek sobre *Camino de servidumbre* (1944): «En mi opinión, es un gran libro [...] Moral y filosóficamente concuerdo prácticamente con todo: y no solo estoy de acuerdo con él, sino profundamente conmovido por el mismo.»

Por lo tanto, debería concluir tu tema de una manera bastante diferente. Debería decir que lo que queremos no es ninguna planificación, ni siquiera menos planificación; de hecho, diría que casi con certeza queremos más. Pero la planificación debería tener lugar en una comunidad en la que tantas personas como sea posible, tanto líderes como seguidores, compartan completamente tu posición moral. Una planificación moderada será segura si aquellos que la llevan a cabo están correctamente orientados en sus propias mentes y corazones hacia la cuestión moral. Esto ya es cierto para algunos de ellos. Pero la maldición es que también hay una sección importante de la que casi se podría decir que desea planificar no para disfrutar de sus frutos, sino porque moralmente sostienen ideas exactamente opuestas a las tuyas, y desean servir no a Dios sino al diablo. [...] Necesitamos restaurar el pensamiento moral correcto —un retrono a los valores morales adecuados en nuestra filosofía social. Si solo pudieras dirigir tu cruzada en esa dirección, no te sentirías tanto como Don Quijote.

Keynes pensaba que mientras los economistas con un verdadero espíritu público estuvieran a cargo, todo estaría bien. Como lo expresó Samuelson en la edición de 1948 de *Economía:* «Donde las complejas condiciones económicas de la vida requieren coordinación social y planificación, allí se puede esperar que hombres sensatos y de buena voluntad invoquen la autoridad y la creatividad del gobierno.»

Pensar en esos términos representa una oportunidad perdida para el necesario reinicio intelectual. No se trata de reemplazar al economista A por el economista B; se trata de repensar lo que los economistas deberían hacer. He sostenido, basándome en mis lecturas desde Adam Smith hasta Vernon Smith, que nosotros, los economistas, deberíamos estar contentos con nuestro papel de estudiantes de la sociedad, profesores de una disciplina científica y críticos sociales. En resumen, debemos asumir nuestro papel como humildes filósofos y renunciar a nuestra pretensión de ser sumos sacerdotes.

ECONOMÍA BÁSICA: EL COMERCIO ES MUTUAMENTE BENEFICIOSO

El gran economista Frank Knight afirmó en cierta ocasión: «Un intercambio es un intercambio; es voluntario y mutuamente beneficioso.» Esta es quizás la primera lección que la mayoría de los estudiantes aprenden en economía.

Sin embargo, gran parte de nuestra retórica política y popular se basa en la idea de que el comercio es un juego de suma cero: una parte gana y la otra parte pierde. El hombre que actualmente ocupa la presidencia, Donald Trump, ha defendido durante mucho tiempo esta idea, así como la idea de que tenía la habilidad y la previsión para estar siempre en el lado ganador de los acuerdos. Solo hay que leer su libro *Trump: el arte de la negociación* (2009) y verás que nada de lo que dice sobre el comercio es nuevo: lleva décadas defendiendo su visión sobre ganar y perder a través del comercio.

Algunos economistas muy inteligentes se han convencido de que en las negociaciones comerciales Trump simplemente está aplicando una estrategia de negociación dura que uno podría describir como la astucia de la razón en la teoría de juegos. Pero como decía la vieja frase: «Solo Nixon pudo ir a China», por lo que tal vez solo un proteccionista acérrimo podría lograr acuerdos de política de arancel cero.

Quizá. Pero no lo creo. No estoy seguro de que ningún político realmente revele una comprensión profunda de la economía, porque la lógica de la situación política a menudo está en conflicto con una economía sólida. En pocas palabras, la buena política —política que garantiza el éxito electoral— concentra beneficios fácilmente identificables en los grupos de interés especiales bien organizados y bien informados a corto plazo, y dispersa los costos en la masa de ciudadanos desorganizados y mal informados a largo plazo. La buena economía hace lo contrario y, básicamente, concentra los costos en quienes toman las decisiones, pero distribuye los beneficios a los consumidores. Así que la buena economía y la buena política chocan.

Como resultado, como le gusta decir a Thomas Sowell, la primera regla de la economía es que vivimos en un mundo de escasez y, por tanto, tenemos que hacer concesiones; la primera regla de la política es negar la escasez, y yo añadiría, negar el aspecto mutuamente beneficioso del comercio.

Dado todo este discurso sobre la naturaleza de suma cero del comercio y los «ganadores» y «perdedores» en los acuerdos comerciales, es de vital importancia disponer de obras que profundicen en estos temas. A principios de este año, el gran economista Doug Irwin publicó un importante trabajo académico sobre el comercio que debería ser de lectura obligatoria para cualquier estudiante serio en ciencias políticas, *Choques sobre el comercio* (2017). El libro de Irwin es un tomo académico que profundiza en la historia de los acuerdos comerciales de los Estados Unidos y se basa en el análisis de la teoría económica moderna. Es un libro para estudiantes serios.

Aunque a nosotros, los profesores, nos gustaría que el público en general leyera y aprendiera de nuestro trabajo, no podemos esperar razonablemente que tenga acceso a nuestras presentaciones. Así que hay una necesidad constante de destilar en formas más accesibles la sabiduría del pensamiento económico sobre temas complejos en materia de comercio, política monetaria, política fiscal y regulación.

Quisiera remitir a Pierre Lemieux y su libro sobre el comercio titulado *¿Qué hay de malo en el proteccionismo? Respuesta a las objeciones comunes al libre comercio* (Rowman & Littlefield, 2018). La obra consta de ocho capítulos centrales que responden a objeciones al libre comercio y, al hacerlo, disipa muchos temores comunes que han sido perpetuados por políticos y grupos de intereses especiales. ¿Significa la competencia de productores extranjeros de bajo costo que las empresas estadounidenses no pueden competir? ¿Daña el libre comercio a la economía estadounidense? ¿Son perjudiciales los déficits comerciales? ¿Ha destruido el libre comercio la manufactura y el trabajo en fábricas en general en los Estados Unidos? ¿El libre comercio destruye empleos? ¿El libre comercio reduce los salarios? En última instancia, ¿es injusto el libre comercio?

Lemieux desmantela cuidadosa y exhaustivamente los mitos alarmistas sobre el libre comercio. Razona desde el punto de vista económico y aporta evidencias para contrarrestar los lemas impresionistas de los proteccionistas.

Deirdre McCloskey suele recordarnos que no se pueden responder preguntas empíricas filosóficamente. Pero muchos ansían hacerlo. La razón y la evidencia a veces no triunfan. En cambio, una determinda imagen estética cautiva la mente del público, y los políticos y grupos de interés especiales pueden manipular esa opinión popular a su favor en las urnas y en sus bolsillos.

Como escriben Don Boudreaux y Dan Griswold para concluir su introducción: «Ahora, más que nunca, necesitamos recordarnos a nosotros mismos las razones económicas y éticas por las cuales nuestra nación ha seguido un camino de liberalización comercial desde el final de la Segunda Guerra Mundial. El libro de Pierre Lemieux es justo el recordatorio oportuno y conciso que necesitamos en este momento histórico.»

Como concluye el propio Lemieux en su libro: «Se necesita más libre comercio, no menos.» Esperemos que este manual sobre el libre comercio alcance una amplia difusión en el mercado de ideas.

PERSPECTIVA: INVESTIGACIÓN ECONÓMICA
Y EDUCACIÓN ECONÓMICA

En 1948, Ludwig von Mises escribió un memorando al presidente de la Fundación para la Educación Económica (FEE), Leonard Read, sobre los objetivos de la educación económica. En este memorando, Mises expuso las principales falacias «… que la educación económica debe desenmascarar. Exponer los errores económicos requiere trascender los problemas prácticos del momento: las tareas urgentes de la rutina diaria imponen a empresarios, profesionales, políticos, editores y periodistas una enorme cantidad de trabajo apremiante, y no queda tiempo para un examen exhaustivo de […] principios y doctrinas.»

De hecho, el hombre práctico a menudo desprecia la teoría. Pero, como señaló Mises, este desdén responde principalmente a la creencia errónea de que los hechos de la experiencia hablan por sí mismos, que los hechos por sí solos pueden desmentir interpretaciones erróneas. Los hechos deben ser interpretados a través del lente de la teoría. Los conflictos intelectuales de cualquier época son conflictos teóricos, no factuales.

Las teorías dan sentido a los hechos. Por lo tanto, escribió Mises, es obvio que los intentos de liberar a la gente, especialmente a la juventud intelectual, de las cadenas del adoctrinamiento 'heterodoxo' deben comenzar a nivel filosófico y epistemológico.

Este era, en opinión de Mises, el propósito de la Fundación para la Educación Económica. Educar a personas reflexivas, especialmente a los jóvenes intelectuales, sobre los asuntos políticos, filosóficos y económicos de la época era la principal tarea de una fundación para la educación económica. Resistirse a lidiar con la teoría significaría una sumisión al marxismo y al progresismo. Según Mises, la doctrina de la época promovió diez grandes falacias económicas que debían ser desacreditadas.

1. Se sostiene que los modernos desarrollos tecnológicos han llevado a la humanidad a una situación de post-escasez. Por lo tanto, los problemas económicos restantes son el resultado de contradicciones inherentes al capitalismo, no debido al problema de recursos limitados y deseos ilimitados.

2. A raíz de la situación de post-escasez, la expansión monetaria puede resolver problemas. La pobreza puede erradicadarse simplemente imprimiendo nuevo dinero.

3. Se dice que los ciclos económicos no son el resultado de una mala gestión gubernamental, sino más bien una con secuencia natural de las contradicciones del capitalismo.

4. El desempleo masivo es endémico al capitalismo y el sistema de libre empresa no puede proporcionar suficientes puestos de trabajo. Las mejoras tecnológicas en la producción son beneficiosas para algunos, pero una calamidad para las masas.

5. Las mejoras en la clase trabajadora se deben a las acciones del gobierno y, especialmente, a la legislación a favor de los sindicatos laborales.

6. A pesar de las mejores intenciones del gobierno y de los sindicatos, las masas de trabajadores siguen en una situación desesperada.

7. El poder de negociación en la economía recae de manera desproporcionada en los empresarios y en contra de los trabajadores. Sin la ayuda de la negociación colectiva, los empresarios reducirían los salarios a niveles de subsistencia, pues consideran que esta es la manera de aumentar sus ganancias.

8. El capitalismo competitivo podría haber descrito con precisión una era anterior, pero en el mundo de hoy el mercado está dominado por monopolios.

9. En un mundo dominado por monopolios, la idea de la soberanía del consumidor es un mito. Las empresas no intentan satisfacer los deseos de los consumidores, sino que intentan manipular esos deseos para aumentar sus beneficios.

10. Dado que vivimos en un mundo de post-escasez y la distribución del ingreso es tan desigual, la redistribución de ingresos de los ricos a los pobres no tendrá ningún efecto sobre la productividad económica.

Hay que reconocer que estas proposiciones económicas falaces se plasmaron más tarde en escritos tan influyentes como *La sociedad opulenta*, (1958) de John Kenneth Galbraith. Pero en la época en que Mises escribía a Leonard Read, la intención era darle un propósito y una dirección a la misión educativa de la Fundación para la Educación Económica. Esto requería, ante todo, el continuo refinamiento de la teoría económica, un significativo trabajo histórico guiado por una teoría correcta y la capacidad de comunicar los resultados de estas investigaciones teóricas e históricas a una audiencia lo más amplia posible. Según Mises, el éxito o el fracaso de los esfuerzos por sustituir ideas sólidas por ideas erróneas dependerá en última instancia de las habilidades y personalidades de los hombres embarcados en esta tarea.

Mises, el filósofo y teórico económico, vio complementado su esfuerzo por Henry Hazlitt, el periodista económico. Leonard Read, el emprendedor de ideas, pudo coordinar las actividades de Mises, Hazlitt y otros académicos y escritores para traducir la teoría al lenguaje moderno, desafiando así el progresismo predominante en la América de la posguerra.

Si comparamos el estado actual del conocimiento económico con las perspectivas económicas de finales de la década de 1940, tal como las presenta el análisis de Mises, entonces los liberales clásicos tienen motivos tanto para regocijarse como para desesperarse.

En un nivel fundamental, el trabajo de Mises, Hazlitt y otros al igual que organizaciones como la Fundación para la Educación Económica se han esforzado mucho para desenmascarar errores. Sin embargo, persisten demasiados mitos económicos. Una nueva generación debe retomar el trabajo donde lo dejaron Mises y Hazlitt, avanzar en la comprensión teórica e histórica de la vida económica y aprender a comunicar estas ideas a los jóvenes intelectuales de manera más efectiva.

En los últimos años se ha hablado mucho del fracaso de las universidades y colegios. Profesores autocomplacientes, que realizan sus investigaciones esotéricas a expensas de la educación de sus estudiantes, han sido objeto de un escrutinio creciente a medida que las matrículas continúan aumentando. La enseñanza, no la investigación, debería ser la función principal del profesorado, aunque debe entenderse que la investigación es vital para mejorar la instrucción, en particular el estudio académico y la escritura académica cuidadosa que cumplen con la demanda académica de la revisión por pares. Pero junto con la legítima crítica de la situación existente, también suele haber un desdén por las teorías y filosofías que Mises advirtió que conducirían a la propagación de falacias económicas.

A medida que los liberales clásicos trabajan para cumplir su misión en los próximos años, deben inspirarse en los logros de Mises, Hazlitt y Read. Si rechazan con demasiada facilidad la investigación básica y la teoría en favor del conocimiento práctico y la instrucción superficial, entonces el desafío de Mises seguirá sin resolverse.

MAESTROS MALABARISTAS E INGENIEROS SOCIALES

«La economía», escribió Henry Hazllit en *La economía en una lección* (1946*)*, «está plagada de más falacias que cualquier otra disciplina conocida por el hombre. Esto no es casualidad. Las dificultades inherentes al tema ya serían suficientemente grandes de por sí, pero se multiplican mil veces por un factor que es insignificante en, digamos, física, matemáticas o medicina: la defensa especial de intereses egoístas.»

Hazlitt, quien en esencia estaba simplemente actualizando el lema de «lo que se ve y lo que no se ve» de Frédéric Bastiat, define al mal economista como aquel que solo considera las consecuencias inmediatas de una política, mientras que el buen economista no solo observa las consecuencias inmediatas, sino también las consecuencias a más largo plazo (y a menudo indirectas) de la política.

Examen sereno y gasto

En tiempos económicos normales, los grupos de interés tienen un fuerte incentivo para alinearse con la mala economía y ejercer presión para obtener beneficios directos de las políticas públicas. En tiempos de crisis económica, esta tendencia natural a concentrar beneficios y dispersar costos se vuelve aún más pronunciada. El pensamiento se vuelve emocional y político, y la lógica del análisis económico no logra

76

imponerse. Como lo expresó Hazlitt: «La economía emocional ha dado origen a teorías que un examen sereno no puede justificar.»

Consideremos la discusión actual sobre el gasto del gobierno y la deuda pública. Se trata claramente de una cuestión económica que evoca fuertes emociones y poco análisis económico cuidadoso, es decir, despierta más pasión que claridad. Esto no es nuevo. El 6 de enero de 1935, Hazlitt publicó un artículo en *The New York Times* titulado «El camino hacia la recuperación: gastar o ahorrar», en el que escucha imparcialmente a ambos lados del debate. Al lector contemporáneo, la discusión le resultará inquietantemente familiar. El gasto público, entonces como ahora, se concibe como una fuente de beneficio inmediato y directo. Si no gastamos, la gente tendrá menos dinero; si la gente tiene menos dinero en sus bolsillos, no comprará; si no compran, las tiendas no podrán vender; si no venden, no pueden mantenerse en el negocio; si no permanecen en el negocio, la gente perderá sus empleos; si no tienen trabajos, no tendrán dinero en sus bolsillos; y así sucesivamente.

Los defensores del gasto no abordan las consecuencias indirectas de las políticas públicas que requieren un mayor gasto público. Por otro lado, los ahorradores impulsan el crecimiento a largo plazo. Los ahorros de algunos se convierten en fondos de inversión para actores privados a través de la intermediación financiera. Los ahorradores también critican la agenda de gasto de dos maneras: el gasto gubernamental tiende a desplazar la inversión privada, y las inversiones públicas tienden a ser mucho menos eficientes que las inversiones privadas. El gasto público distorsiona el patrón de inversión en una economía y conlleva graves costos a largo plazo.

El triunfo de la mala economía

Ignorar las consecuencias a largo plazo de las políticas de gasto es lo que lleva a Hazlitt a calificar ese tipo de pensamiento como mala economía. La buena economía no solo analiza las consecuencias directas e inmediatas, sino que traza la lógica de las consecuencias indirectas y a largo plazo. La buena economía es lo que llevó a Adam Smith a condenar la irresponsabilidad fiscal del gobierno. «Cuando es necesario que un Estado se declare en quiebra», escribió Adam Smith en el quinto libro de *La riqueza de las naciones* (1776),

> de la misma manera que cuando es necesario que un individuo lo haga, una quiebra justa, abierta y declarada es siempre la medida menos deshonrosa para el deudor y la menos perjudicial para el acreedor. Seguramente el honor de un Estado está muy mal protegido cuando, para encubrir la desgracia de una verdadera quiebra, recurre a un juego de malabarismo de este tipo, tan fácilmente perceptible y al mismo tiempo tan extremadamente perjudicial.

Trucos de malabarismo

Desafortunadamente, como señala Smith en el párrafo siguiente, todos los gobiernos, tanto antiguos como modernos, han recurrido a trucos de malabarismo en lugar de afrontar su irresponsabilidad fiscal. El truco malabarista al que se refiere Smith es el ciclo de déficits, deuda y degradación. Los economistas clásicos y muchos economistas políticos modernos sostienen que, debido a las consecuencias negativas del «malabarismo», necesitamos establecer reglas vinculantes que limiten ese comportamiento por parte de los gobiernos. Keynes o más exactamente, los keynesianos rompieron con esta tradición de limitar a las autoridades públicas y controlarlas mediante reglas. En cambio, optaron por abrazar el malabarismo con teoría y formar a generaciones de economistas como ingenieros sociales que fueran maestros malabaristas. Pero a pesar de toda su «maestría», aquí estamos: en quiebra.

Si uno cree en la contabilidad pública oficial, tenemos una deuda de 16 billones de dólares. Si prestamos atención al trabajo sobre contabilidad intergeneracional de Laurence Kotlikoff, la brecha fiscal es mucho mayor: aproximadamente 211 billones de dólares. Un gobierno promisorio ha resultado en una factura que simplemente no hay forma de pagar sin perjudicar nuestro futuro económico.

Esto implica que no hemos resuelto los problemas que nos llevaron a la quiebra hace seis décadas; el Estado simplemente ha intentado tapar la desgracia con trucos de malabarismo. Esto es lo que el economista Albert Hahn llamó «la economía de la ilusión», y Estados Unidos y Europa adoptaron ese tipo de economía después de la Segunda Guerra Mundial. El tipo de brecha fiscal de 211 billones de dólares que reporta Kotlikoff no es una cifra que se alcanza de la noche a la mañana; requiere décadas de políticas promisorias respaldadas solo por la fe.

Una conversación pública y audaz

Cómo deshacer este lío es la tarea que ha recaído en esta generación. Un método es el repudio. Las personas educadas no querrán hablar de estos temas, creyendo que pueden continuar con los malabarismos. Después de todo, para la mayoría de nosotros, estos malabarismos han durado toda la vida. Pero esto es simplemente otro ejemplo de mala economía. Quizás el repudio no sea la respuesta, pero necesitamos fomentar un debate público y audaz sobre la responsabilidad fiscal y, añadiría, sobre la solidez del dinero. Necesitamos repensar el daño causado por los esfuerzos malabaristas de las autoridades públicas y pensar seriamente en la afirmación de Adam Smith sobre una opción de política que sea «menos deshonrosa para el deudor y menos perjudicial para el acreedor».

III.
ESPERANZA

EL VALOR DE SER UTÓPICO

Hayek escribió el célebre ensayo «Por qué no soy un conservador». A menudo he argumentado que la gente necesita leer ese ensayo junto con sus «Errores del constructivismo» para entender bien su posición sobre por qué como verdaderos liberales radicales debemos estar dispuestos a cuestionar todos los valores políticos y sociales existentes y someterlos a una evaluación crítica, pero también por qué epistemológicamente no podemos hacerlo asumiendo algún «punto arquimédico» desde el cual comenzar nuestra evaluación.

Siempre debemos cuestionar dentro de contextos específicos y criticar en los márgenes mientras mantenemos otros valores como dados en ese momento si queremos evitar errores graves en nuestro razonamiento sobre la sociedad. El constructivismo radical no es más que una ilusión del revolucionario y además es una ilusión peligrosa. Pero eso no significa que estemos atrapados en el *status quo*.

Hayek nos brinda un marco para participar en la crítica social desde una perspectiva liberal radical que está dentro de nuestros límites epistemológicos de lo humanamente posible. Deberías pensar en eso. Ahora considera detenidamente este pasaje de «Por qué no soy un conservador» (1960).

Pero el punto principal del liberalismo es que quiere ir a otra parte, no quedarse quieto. Aunque hoy en día se puede tener la impresión contraria debido al hecho de que hubo un tiempo en que el liberalismo era más ampliamente aceptado y algunos de sus objetivos estaban más cerca de lograrse, nunca ha sido una doctrina que mire al pasado. Nunca ha habido un momento en que las ideas liberales se hicieran plenamente realidad y el liberalismo no esperara seguir mejorando las instituciones. El liberalismo nunca se ha opuesto a la evolución y al progreso; es más, allí donde el cambio espontáneo ha sido sofocado por el control gubernamental, lo que el liberal desea es intorducir un cambio drástico de políticas. En lo que respecta a gran parte de la acción gubernamental actual, hay en el mundo presente muy pocas razones para que el liberal desee preservar las cosas tal como están. De hecho, al liberal le parecería que lo que se necesita con mayor urgencia en la mayor parte del mundo es una completa eliminación de los obstáculos al libre crecimiento.» *Los fundamentos de la libertad* (1960).

Esta sensación de entusiasmo por el viaje hacia el futuro desconocido y la aceptación de la posibilidad de descubrimiento y creatividad que la sociedad liberal hace posible es una de las muchas razones por las que estoy emocionado de tener en mis manos el próximo libro de Deirdre McCloskey, *Por qué el liberalismo funciona* (2019).

El liberalismo es una filosofía social que se basa en el reconocimiento de su constante necesidad de renovación y reconstrucción. Nunca es una doctrina fija que se mantiene estática y detiene el contexto de la historia — ALTO. Se trata, más bien, de una bienvenida a lo nuevo y novedoso, al cumplimiento de sus ideales, y a un mayor reconocimiento de que todos somos iguales en dignidad.

El liberalismo dice SÍ, y el orden liberal cosmopolita convierte a extraños en amigos y a enemigos en aliados. Es una doctrina de emancipación: de los dogmas del altar, de la represión por la corona, de la violencia con la espada y de la explotación por parte de la clase mercantilista privilegiada.

Es un proyecto en curso y nunca alcanzará el cumplimiento pleno de su visión de una cooperación social pacífica; el cambio es incesante y el esfuerzo por mejorar las instituciones es constante. El gran regalo intelectual de Hayek no es un sistema completo, sino un marco intelectual que puede ayudar a las generaciones futuras en su esfuerzo único por reconstruir los principios de justicia y economía política.

Como Hayek dijo a sus lectores en el primer párrafo de *Los fundamentos de la libertad* (1960):

> Para que las viejas verdades conserven su influencia en las mentes de los hombres, deben reformularse en el lenguaje y los conceptos de generaciones sucesivas. Las que en un momento fueron sus expresiones más efectivas se desgastan gradualmente tanto con el uso que dejan de tener un significado definido. Las ideas fundamentales pueden tener el valor de siempre, pero las palabras, incluso cuando se refieren a problemas que todavía nos afectan, ya no transmiten la misma convicción; los argumentos no se mueven en un contexto que nos resulte familiar y rara vez nos dan respuestas directas a los interrogantes que nos formulamos. Esto quizá sea inevitable, porque no existe ninguna declaración de un ideal tan completa que satisfaga a todos los hombres: debe adaptarse a un determinado clima de opinión, presuponer mucho de lo que se acepta por todos los hombres de su tiempo e ilustrar los principios generales con decisiones que les conciernen.

Había pasado mucho tiempo, continuó Hayek, desde que los ideales del liberalismo habían sido reformulados de manera efectiva. Hayek emitió ese juicio hace casi 60 años. Él mismo hizo varios intentos para proporcionar esa reformulación —*Camino de servidumbre* (1944), *Los fundamentos de la libertad* (1960) y *Derecho, legislación y libertad* (tres volúmenes: 1973, 1976 y 1979)— cada uno con grandes fortalezas y algunas debilidades notables. Diría que nuestros tiempos no necesitan detractores, sino la articulación de una visión de los derechos y la dignidad de todos los individuos, y una invitación (de hecho, una mano acogedora) a todos los que buscan escapar de la opresión del dogma, de la violencia, de la pobreza aplastante.

Como escribió Hayek en los párrafos finales de su ensayo «Los intelectuales y el socialismo» (1949):

> Una vez más tenemos que hacer de la construcción de una sociedad libre una aventura intelectual, un acto de coraje. Lo que nos falta es una utopía liberal, un programa que no parezca ni una mera defensa de las cosas tal y como son ni una especie de socialismo diluido, sino un radicalismo verdaderamente liberal que no se arredre ante las susceptibilidades de los poderosos (incluidos los sindicatos), que no sea tan excesivamente práctico que se limite a lo que hoy parece políticamente posible. Necesitamos dirigentes intelectuales que estén dispuestos a trabajar por un ideal, por muy escasas que sean las perspectivas de conseguirlo enseguida. Deben ser hombres dispuestos a mantenerse fiel a los principios y a luchar por su plena realización, por muy remota que sea. Los compromisos prácticos deben dejárselos a los políticos. El libre comercio y la libertad de oportunidades son ideales que todavía pueden despertar la imaginación de muchas personas, pero una mera «libertad razonable de comercio» o una mera «relajación de controles» no son ni intelectualmente respetables ni parece que inspiren ningún entusiasmo.
>
> La principal lección que el verdadero liberal debe aprender del éxito de los socialistas es que fue su coraje de ser utópicos lo que les valió el apoyo de los intelectuales y, por tanto, una influencia en la opinión pública que diariamente está haciendo posible lo que hasta hace poco parecía completamente remoto. Quienes se han interesado exclusivamente por lo que parecía viable de acuerdo con el estado de opinión existente han encontrado constantemente que incluso esto se ha convertido con rapidez en políticamente imposible como resultado de cambios en una opinión pública que ellos no han hecho nada para guiar. A menos que podamos hacer que los fundamentos filosóficos de una sociedad libre sean

nuevamente un asunto intelectual vivo y su implementación una tarea que desafíe el ingenio y la imaginación de nuestras mentes más despiertas, las perspectivas de libertad son realmente sombrías. Pero si podemos recuperar esa creencia en el poder de las ideas que fue la marca del liberalismo en su mejor momento, la batalla no estará perdida.

La carga de la prueba debe cambiar

Si algo está mal en la sociedad, ¿quién debería encargarse de solucionar el problema? Hoy en día, se asume que el gobierno debería asumir esa responsabilidad. La teoría del liberalismo del siglo XIX postulaba lo contrario: se asumía que esta era una tarea de los mercados y la sociedad, no del gobierno. La carga de la prueba no recaía sobre los actores del mercado, sino sobre aquellos que afirmaban que el poder del Estado era el único camino a seguir.

En cualquier discusión, la carga de la prueba recae en uno u otro lado. Esto se debe a las presuposiciones tácitas que existen antes de la conversación. Por analogía, podríamos argumentar que existe una presunción de inocencia, por ejemplo, y así la carga de la prueba recae en el fiscal. En las sociedades liberales, esta teoría de la justicia penal se defendía para evitar el error atroz de condenar a una parte inocente por un delito que no cometió. En consecuencia, las sociedades liberales estaban dispuestas a tolerar la posibilidad de cometer el otro error: dejar en libertad a un culpable. Una vez más, la carga de la prueba debe recaer sobre aquellos que quieren condenar.

El economista

Apliquemos este razonamiento a la larga historia del debate entre el gobierno y el mercado. Como sostiene Ludwig von Mises en *La acción humana* (1949), es imposible entender la larga historia del pensamiento económico a menos que se comprenda que en el transcurso de la historia de la disciplina, el economista siempre fue el alborotador del aspirante a gobernador de la economía. El trabajo del economista era arruinar el desfile: plantear el asunto de las restricciones, explicar los problemas con las consecuencias no deseadas asociadas con las soluciones políticas deseadas y demostrar con rigor lógico la imposibilidad de aplicar esquemas para planificar racionalmente un sistema económico. El economista no puede ser el favorito de demagogos y dictadores; en cambio, el economista es su tábano intelectual. Es el economista quien explica clara y contundentemente los parámetros que la realidad impone a las aspiraciones utópicas.

Pero mientras ese papel del economista puede verse claramente desde Adam Smith hasta John Stuart Mill, en el siglo XX los economistas a menudo perpetuaron el control social en lugar de limitar su análisis a la comprensión social. En mi libro *F. A. Hayek: economía, economía política y filosofía social* (2018b), sostengo que esta transformación fue resultado de una alianza entre el cientificismo y el estatismo. Pero en lugar de entrar en detalles sobre esa transformación, hoy quiero recordar a los lectores la sabiduría de los economistas políticos clásicos, la presunción de inocencia y la carga de la prueba en el debate sobre la economía del mercado.

John Stuart Mill

John Stuart Mill es una figura clave porque, en muchos sentidos, sentó las bases para esta alianza posterior. Pero de una manera muy significativa, también fue uno de los portavoces más elocuentes de las presunciones liberales. Como escribe en *Principios de economía política* (1848, 945): «El *laissez-faire*, en resumen, debería ser la práctica general: cada desviación de él, a menos que lo requiera un gran bien, es un mal seguro.» ¿Cómo llegó Mill a esa conclusión?

Antes de esa declaración, Mill guía a su lector a través de las máximas que se desprenden de la función principal del gobierno, que es proteger a las personas y la propiedad. Él sostiene que las acciones del gobierno deberían limitarse a esa función debido a la amenaza que sufre la libertad humana por el uso y abuso arbitrarios del poder, y por la amenaza de un rendimiento económico perjudicial que responde a incentivos perversos y distorsiones en la información utilizada por los actores económicos a la hora de coordinar sus decisiones.

Mill asume la tarea de argumentar contra las teorías erróneas que se invocan para exigir la intervención del gobierno en la economía de mercado. Según Mill, estas falacias populares deben ser expuestas e incluyen: (1) la doctrina del proteccionismo, (2) las restricciones a la usura, (3) la regulación de precios, (4) la concesión de privilegios monopólicos, (5) leyes en contra de las combinaciones voluntarias de trabajadores y (6) restricciones al libre intercambio de opiniones. Mill explica las consecuencias negativas que resultan para la libertad y la prosperidad cuando estas falacias guían la política pública.

También sostiene que esta extralimitación del gobierno frustra el desarrollo humano. «Que se le impida hacer aquello a lo que uno se siente inclinado, o actuar de acuerdo con su propio juicio sobre lo que es deseable,» escribe Mill (1848, 938), «no solo es siempre incómodo, sino que siempre tiende *por tanto*, a limitar el desarrollo de alguna parte de las facultades corporales o mentales, ya sean sensitivas o activas; y a menos que la conciencia del individuo acepte libremente la restricción legal, participa en mayor o menor medida de la degradación de la esclavitud.»

Mill concluye afirmando: «Casi ningún grado de utilidad, salvo la necesidad absoluta, justificará una regulación prohibitiva, a menos que también pueda recomendarse a la conciencia general; a menos que las personas de intenciones ordinariamente buenas ya crean, o puedan ser inducidas a creer, que lo prohibido es algo que no deberían desear hacer.»

Dos aspectos a tener en cuenta aquí: primero, la presunción del argumento comienza situando la carga de la prueba en aquellos que desean regular la actividad del mercado; y, segundo, si se puede establecer el argumento de que el mercado no puede lograr el bien público, o que lo que el mercado logra es moralmente sospechoso y perjudicial para el individuo según su propio juicio, entonces puede revertirse la presunción del argumento.

Libertad o poder

Con el desarrollo de la teoría del fallo del mercado y las críticas a la racionalidad de los individuos basadas en su ignorancia, prejuicios y debilidades de voluntad, la presunción del argumento se revirtió en los debates económicos. Se suponía que el mercado defectuoso estaba plagado de externalidades, provisión insuficiente de bienes públicos, poder monopólico, volatilidad macroeconómica, degradación ambiental y más. El gobierno se veía como el correctivo a los males sociales que resultaban en desigualdad, inestabilidad e injusticia. ¿Qué pasó con las preocupaciones anteriores sobre los incentivos perversos y las distorsiones de la información que resultarían en una pérdida de libertad y una reducción del bienestar económico?

Estamos en esta discusión y la carga de la prueba recae directamente sobre los hombros del economista que cree que la máxima del *laissez-faire* debería ser la práctica general. La pregunta es cuáles son los argumentos más eficaces para cambiar la presunción argumental. Sin hacer eso, el sesgo de error consistirá en condenar a esa parte inocente y los principios liberales de justicia serán violados continuamente.

La empresa debería existir sin necesidad de permisos

Prometeo no pidió permiso a Zeus para traer el fuego a los humanos. Le costó caro, ya que Zeus lo castigó de una manera bastante cruel. Pero los seres humanos mejoraron infinitamente con el fuego.

El próximo libro de Art Diamond, *Apertura a la destrucción creativa* (Oxford, 2019), nos relata esta historia precisamente porque quiere que entendamos los grandes beneficios que la innovación empresarial aporta a la humanidad y cómo el verdadero innovador a menudo es despreciado y no goza del respeto del establishment ortodoxo dominante.

Si Prometeo hubiera tenido que obtener permiso antes de darle el fuego al hombre, entonces el hombre nunca habría gozado de los beneficios del fuego. De manera similar, si nuestros innovadores empresariales hubieran tenido que obtener permiso antes de introducir sus innovaciones, todavía estaríamos caminando o, en el mejor de los casos, cabalgando a los lomos de bestias, pero dudo que hubiéramos visto los beneficios de los automóviles, y mucho menos de los aviones. Es muy probable que no tuviéramos comodidades modernas como la fontanería interior, y mucho menos teléfonos celulares e Internet.

Como dijo la contralmirante Grace Harper, es mejor pedir perdón que pedir permiso. Esto es particularmente cierto cuando pensamos en a quiénes tenemos que pedir permiso para innovar. Como señaló recientemente Michael Munger, tenemos que pedir permiso ya sea a los expertos monopolistas del gobierno o, irónicamente, a nuestros competidores.

Lógica de la política

Esta es el dilema moderno. Siempre debemos tener presente que la lógica elemental básica de la política, que consiste en concentrar los beneficios en los grupos de interés especial bien organizados y bien informados a corto plazo y dispersar los costos entre las masas desorganizadas y desinformadas a largo plazo, entra en conflicto directo con la lógica elemental del mercado, que es concentrar los costos de inversión en los tomadores de decisiones específicos y distribuir ampliamente entre los consumidores los beneficios en términos de una mayor variedad de productos a costos más bajos.

La lógica de la política entra en conflicto con la lógica del mercado y todas las armas están del lado de la política. Entonces, a menos que podamos obligar efectivamente al gobierno, habrá una tendencia natural a comportarse como Zeus: exigimos que aquellos que buscan innovar pidan permiso y, cuando no lo hacen, los penalizamos severamente. Pero, como señala Michael Munger, ésta es precisamente la razón por la que la cuestión de la innovación sin permiso es tan crítica en los asuntos prácticos de las sociedades humanas. La forma en que se responda a esta pregunta determina si las naciones son ricas o pobres, si las naciones que actualmente son pobres tienen un camino para volverse ricas y si las que son ricas se sumirán trágicamente en una espiral de pobreza.

La innovación es algo bueno, pero requiere una intrincada matriz de instituciones que permitan a las personas traducir el conocimiento científico en conocimiento comercialmente útil, sin mencionar el fomento del descubrimiento rutinario de nuevo conocimiento científico.

Durante la mayor parte de la historia, la humanidad existió en un estado de estancamiento. La curiosidad y creatividad humanas estaban limitadas por la necesidad de intentar sobrevivir a la crudeza de la naturaleza y la crueldad de otros humanos. Sin embargo, nosotros, los humanos, hablamos y contamos historias; somos capaces de cooperar y de ejercer violencia; somos capaces de negociar y regatear así como de mutilar y asesinar.

Deirdre McCloskey, por supuesto, ha abordado estos temas en su estudio de la era burguesa y también lo ha hecho Joel Mokyr en una serie de libros iniciada con *Las palancas de la riqueza* (1992), pero que continúa con *Los dones de Atenea* (2002) y *La economía ilustrada* (2010).

Apostar por las ideas

El progreso económico, como sostiene Art Diamond, es una consecuencia de la innovación emprendedora, pero el emprendimiento a su vez es función de una serie de factores que contribuyen a que el empresario no esté obligado a pedir permiso directo a las autoridades o a competidores potenciales. Se trata de tener un segmento de la población dispuesto a apostar por ideas y de desarrollar prácticas comerciales para que esos emprendedores puedan hacer realidad esas apuestas.

El libro de Diamond es una maravillosa adición a la literatura que documenta, con relatos narrativos y estadísticas descriptivas, cuánto mejoran las innovaciones empresariales las vidas de las personas comunes. La intención del libro no es proporcionar una teoría de la economía empresarial de mercado, sino documentar las implicaciones para la condición humana de una cultura empresarial próspera.

Al comienzo del libro, Diamond nos ofrece algunas explicaciones sobre su enseñanza de la economía estándar y cómo después de cubrir dos tercios de la clase y agotar la lógica de la elección, la oferta y la demanda y el modelo de competencia perfecta, es decir, una vez los estudiantes están familiarizados con la eficiencia de la economía de mercado, él se detiene y comienza a hablarles sobre cómo el verdadero beneficio de la economía de mercado es que constituye una máquina de innovación incesante. La economía de mercado ofrece más productos a costos más bajos con una distribución más amplia que funciona mejor y dura más tiempo.

Brinda productos que hacen cosas que apenas unos años antes se consideraban demasiado costosas de producir, casi imposibles de producir o, en algunos casos, inimaginables.

El elemento que falta

Nuevamente, el libro de Diamond nos proporciona ilustraciones de cada uno de estos puntos. Pero lo que falta es una teoría completa del proceso del mercado empresarial competitivo y de cómo las fuerzas económicas en juego provocan una adaptación constante y un ajuste continuo a las circunstancias cambiantes.

Afirmaría que no basta con remitir a Joseph Schumpeter. Se requiere más trabajo para integrar el proceso empresarial del mercado en la lógica elemental de la teoría del mercado y el sistema de precios; trabajo que también han realizado, diría yo, académicos como Armen Alchian, James Buchanan, Ronald Coase, Harold Demsetz e Israel Kirzner.

Una de las grandes ideas de la ciencia económica y de la historia económica es que no tenemos que comprender para experimentar los beneficios del proceso de mercado competitivo y la búsqueda incesante de ganancias mutuas del comercio. Los mercados son omnipresentes en toda la vida humana, pero la forma en que se estructuran los mercados y la extensión de la división del trabajo en cualquier sociedad depende de sus instituciones.

Ciertos acuerdos son más propicios para el emprendimiento productivo e innovador que otros, fomentan más la realización de la especialización productiva y la cooperación social pacífica bajo la división del trabajo. La economía nos enseña que las instituciones realmente importan, pero la economía política enseña que son las ideas las que sostienen o erosionan esas instituciones.

Una de las ideas más importantes es la innovación sin permiso: el entorno institucional que protege a las personas, la propiedad y la libertad de contrato al tiempo que permite la innovación y el cambio social dinámico del progreso tecnológico.

Podemos matar a la gallina de los huevos de oro cerrando el comercio y restringiendo el progreso tecnológico a través de la difusión de ideas erróneas y las correspondientes políticas públicas que dan lugar a incentivos perversos e información distorsionada, bloqueando así el aprendizaje social necesario para el progreso. En cambio, siempre debemos recordar que, en el contexto del derecho de propiedad y contratos, es mucho mejor pedir perdón que pedir permiso.

> ¡Hay errores molestos en la historia,
> pero la verdad prevalecerá!»
>
> Nikolai Ivanovich Bukharin (1937)

La rehabilitación cívica de Nikolai Bukharin (1888-1938) en febrero de 1988 fue un acontecimiento de enorme relevancia en la historia soviética. La resurrección histórica de Bukharin, quien en la década de 1920 fue posiblemente el teórico marxista más importante del mundo y considerado por Lenin «no solo un teórico importante y valioso del Partido; [sino que] también es considerado, con razón, el favorito de todo el partido,» plantea un desafío directo al estalinismo ortodoxo. No solo en términos políticos, sino también en términos económicos, Bukharin representa la oposición clave a la planificación estalinista tradicional. Como ha argumentado Thomas Sherlock:

«La rehabilitación de Bukharin ha colocado su programa rural conciliador, así como su defensa de líneas culturales y políticas moderadas, en oposición directa no solo a la 'revolución desde arriba' estalinista, que expandió dramáticamente el alcance burocrático del Estado, sino también al terror de los años treinta, que destruyó al partido como una institución política autónoma. La imagen resucitada de Bukharin se considera un poderoso antídoto contra la relación 'estalinista' predominante entre el partido-Estado soviético y la sociedad y contra el 'centralismo burocrático' en el partido.»

Sin embargo, Bukharin no está exento de ambigüedades. Reconocido como el autor de la Nueva Política Económica (NEP) (1921-1928), que intentó conciliar las relaciones de mercado con la planificación gubernamental, también fue el arquitecto del intento bolchevique de implementar el comunismo puro dentro de la Rusia Soviética durante el período del «Comunismo de Guerra» de 1918-1921. Representó la posición oficial del Partido durante toda la década de 1920. Como dijo Alexander Erlich, «Bukharin fue indudablemente el economista mejor educado no solo de su grupo, sino tambén de todo el partido, con una capacidad realmente destacada para la racionalización, en términos teóricos, de cualquier punto de vista político que adoptara, y para llevarlos hasta sus últimas consecuencias lógicas.» Sus libros, El *ABC del comunismo* (1919) y *La economía del período de transición* (1920) fueron considerados los manifiestos teóricos del período del comunismo de guerra. Estos libros defendieron las políticas de centralización extrema, así como el uso de la coacción no económica, que los bolcheviques habían implementado de 1918 a 1921.

Sin embargo, el fracaso del comunismo de guerra en 1921 cambió las ideas de Bukharin sobre la construcción del socialismo y la racionalidad económica. Como escribió en 1924: «La adopción de la NEP fue el colapso de nuestras ilusiones. [...] Entonces pensábamos que nuestra política en tiempos de paz sería una continuación del sistema de planificación centralizada de ese período. En otras palabras, nosotros veíamos el comunismo de guerra no como algo militar, es decir, necesario en una etapa determinada de la guerra civil, sino como una forma universal, general, por así decirlo 'normal', de política económica de un proletariado victorioso.» No obstante, Bukharin disponía de un paradigma para interpretar el colapso del sistema soviético bajo el comunismo de guerra: la teoría económica de la escuela austriaca de economía.

Los trabajos de Bukharin sobre la Nueva Política Económica (NEP), que defendían la necesidad de las relaciones de producción de mercado para el desarrollo económico, se encuentran en volúmenes como *Construyendo el socalismo* (1926) y en la colección de ensayos editada por Richard Day,

Escritos seleccionados sobre el Estado y la transición al socialismo (1982). En su trabajo sobre la NEP, Bukharin argumentó enérgicamente contra la burocratización de la economía y a favor de la importancia de los incentivos en la actividad económica. De hecho, en quizás su ensayo más famoso de este período, *Sobre la nueva política económica y sus tareas*, escrito en 1925, además de alentar a los campesinos a «enriquecerse,» Bukharin reconoció explícitamente las críticas de Ludwig von Mises a la planificación socialista y argumentó que Mises era «uno de los críticos más eruditos del comunismo.» Bukharin llegó incluso a admitir que la crítica de Mises al comunismo era correcta, al menos para la época histórica en la que escribió.

Una utopía burocrática

Por sorprendente que parezca esta admisión, Bukharin no fue el único bolchevique en reconocer el problema al que se enfrenta la planificación económica. Incluso Lenin tuvo que admitir los serios problemas que enontraron los bolcheviques en su intento de implementar el socialismo. En un discurso ante el Departamento de Educación Política el 17 de octubre de 1921, por ejemplo, Lenin admitió que «al intentar pasar directamente al comunismo en la primavera de 1921, sufrimos una derrota más grave en el frente económico que cualquier derrota infligida por Kolchak, Denikin o Pilsudski. Esta derrota fue mucho más grave, significativa y peligrosa. Se expresó en el aislamiento de los altos administradores de nuestra política económica de los niveles inferiores y en su incapacidad para producir ese desarrollo de las fuerzas productivas que el Programa de nuestro Partido considera vital y urgente.» Además, en una carta secreta del 19 de febrero de 1921, escribió: «El mayor peligro es que el trabajo de planificación de la economía estatal pueda burocratizarse. [...] Un plan completo, integrado y real para nosotros en este momento equivale a 'una utopía burocrática.' No lo persigamos.» Trotsky también escribiría, en su dura crítica a la planificación estalinista, *La revolución traicionada* (1937), que si bien «los profesores obedientes lograron crear toda una teoría según la cual el precio soviético, a diferencia del precio de mercado, tiene un efecto exclusivamente planificador o directivo. [...] Los profesores olvidaron explicar cómo se puede 'guiar' un precio sin conocer los costos reales, y cómo se pueden estimar los costos reales si todos los precios expresan la voluntad de la burocracia. [...]»

Estas admisiones, sin embargo, quedaron enterradas durante varias décadas mientras la burocracia soviética ejercía su poder sobre esa economía y las mentes de su pueblo. Con las reformas de Gorbachov (tanto la *glasnost* como la *perestroika*), los analistas soviéticos están empezando de nuevo a admitir el defecto fundamental del ideal comunista. La planificación socialista, como Mises demostró en su clásico *Socialismo* (1922), es lógicamente imposible debido a la incapacidad del sistema social para proporcionar conocimiento sobre qué proyectos de producción son viables y cuáles no. Sin propiedad privada, y específicamente propiedad privada en los medios de producción, el cálculo económico racional es insostenible.

No obstante, una vez que los planificadores económicos están en el poder, deben encontrar algún fundamento en el que basar sus decisiones, y dado que los fundamentos económicos están fuera de discusión, las decisiones se basan en consideraciones políticas. Como resultado, aquellos que tienen una ventaja comparativa en el ejercicio del poder discrecional ascenderán a la cima del aparato de planificación. Esto es, como F. A. Hayek mostró en *Camino de servidumbre* (1944), la base de la tendencia totalitaria dentro de las economías socialistas. Las economías de estilo soviético, por tanto, no se ajustan a la imagen ideal de una economía comunista planificada racionalmente porque ese sistema es una utopía desesperada e inalcanzable. En cambio, la economía de estilo soviético es un vasto sistema burocrático militar diseñado para generar beneficios a quienes ocupan posiciones de poder. Sin embargo, la raíz de la burocracia estalinista que aqueja a la economía soviética reside en la aspiración marxista original de planificar el sistema económico racionalmente, incluso si el objetivo original es inalcanzable. El estalinismo es, intencionadamente o no, la consecuencia lógica del marxismo.

Las críticas salen a la luz

Si bien estas críticas se están volviendo cada vez más comunes en Occidente, es fascinante verlas aparecer en la prensa soviética durante la era de la *glasnost*. Pero parece que sí han aparecido y con mayor frecuencia en los últimos años. He ahí solo algunos ejemplos.

Nikolai Shmelyev, en su valiente artículo de *Novy Mir*, «Avances y deudas» (junio de 1987), afirmó que «la economía tiene sus propias leyes, que son tan terribles de violar como las leyes del reactor atómico de Chernobyl». A continuación, se presentan extractos del artículo de Shmelyev:

> Debemos llamar a las cosas por su nombre: necedad como necedad, incompetencia como incompetencia, estalinismo en acción como estalinismo en acción. [...] Quizás perdamos nuestra virginidad ideológica, pero ahora solo existe en los editoriales de cuentos de hadas de los periódicos. [...]
>
> Necesitamos permitir que las empresas y organizaciones vendan libremente, compren y tomen prestados fondos de sus reservas para crear un mercado de bienes poderoso y vibrante, para invertir sus enormes pero ociosos recursos, para liberar en la práctica —no solo en palabras— la iniciativa económica en el país. En lugar de esfuerzos infructuosos de planificación centralizada de toda nuestra producción industrial (unos 24 millones de artículos), deberíamos introducir contratos entre proveedor y consumidor.
>
> Necesitamos darnos cuenta de que existe algo llamado desempleo natural entre las personas que buscan trabajo o

cambian de lugar de trabajo. [...] La posibilidad real de perder el trabajo, de verse obligado a recibir un subsidio de desempleo temporal o de ser obligado a trasladarse a un nuevo lugar de trabajo no es en absoluto una mala medicina para curar la pereza y la embriaguez.

La situación económica de las empresas y cooperativas tendrá que depender directamente de las ganancias, y las ganancias no podrán cumplir su función hasta que los precios al por mayor se liberen de los subsidios. A lo largo de los siglos, la humanidad no ha encontrado una medida más efectiva del trabajo que el beneficio. Solo el beneficio puede medir la cantidad y la calidad de la actividad económica y permitirnos relacionar eficazmente los costos de producción con los resultados de manera efectiva e inequívoca. Nuestra actitud sospechosa hacia las ganancias es un malentendido histórico, resultado del analfabetismo económico de personas que pensaron que el socialismo eliminaría ganancias y pérdidas.

Es hora de dejar de engañarnos a nosotros mismos y de dejar de creer en los burócratas ignorantes. [...] Los vínculos contractuales directos y el comercio al por mayor de medios de producción son dos caras indivisibles del mismo proceso. Si una empresa va a comercializar su producción planificada y excedente a través del mercado, tendrá que estar interesada en los resultados finales, y este será un nivel de interés que se extenderá más allá de los sueños más preciados de quienes ahora se especializan en 'elevar la conciencia'. En definitiva, los estímulos del mercado deben extenderse a todas las etapas del proceso: investigación, desarrollo, inversión, producción, marketing y servicio. Solo el mercado, y no meras innovaciones administrativas, puede subordinar toda esta cadena a las demandas del consumidor.

Estas admisiones por parte de intelectuales soviéticos sobre el fracaso del socialismo y la eficacia de las relaciones de mercado continuarían en un artículo del historiador soviético V. Sirotkin, «Lecciones de la NEP» en *Izvestia* (9 de marzo de 1989). Sirotkin argumentó:

Se ha convertido en una máxima de manual afirmar que la política del 'comunismo de guerra' fue impuesta a los bolcheviques por la Guerra Civil y la intervención extranjera. Esto es completamente falso, aunque solo sea por el hecho de que los primeros decretos para introducir el «ideal socialista» exactamente «según Marx» en la Rusia Soviética se publicaron mucho antes del comienzo de la Guerra Civil (los decretos del 26 de enero y el 14 de febrero de 1918, sobre la nacionalización de la flota mercante y de todos los bancos), mientras que el último decreto sobre la socialización de todos los pequeños artesanos y artesanos se emitió el 29 de noviembre de 1920, es decir, después del final de la Guerra Civil en la Rusia europea. Por supuesto, las condiciones de la Guerra Civil y la intervención dejaron huella. Pero lo principal era otra cosa: la implementación inmediata de la teoría en estricta conformidad con Marx (de la *Crítica del programa de Gotha*) y Engels (de *Anti-Dühring*). [...]

Los resultados de la política del 'comunismo de guerra' fueron catastróficos para la economía: al comienzo de la NEP, el país producía arrabio a solo el 2% del nivel antes de la guerra (1913), azúcar al 3%, tejidos de algodón del 5% al 6%, etc. De modo que el intento de introducir el «comunismo desde arriba» había llevado a una ruptura entre la ciudad y el campo, un fuerte declive económico, la dispersión de la clase trabajadora y la resistencia armada del campesinado. [...]

Hoy, desde las alturas de la retrospección histórica, se puede decir que el «cambio fundamental en nuestra perspectiva del socialismo» de Lenin fue mucho más allá de los límites de la Rusia soviética. Esencialmente, [la NEP] fue un modelo para reestructurar todo el sistema de relaciones económicas y sociales en el mundo, es decir, fue una revolución mundial, pero pacífica, lograda mediante la síntesis de los aspectos positivos del socialismo y el capitalismo, en condiciones de competencia económica entre los dos sistemas.

A pesar de la confusión intervencionista contenida en su análisis, la discusión de Sirotkin sobre el fracaso del comunismo de guerra y el «éxito» de la reintroducción de mecanismos de mercado bajo la NEP es sorprendente, especialmente si tenemos en cuenta que sus comentarios se leyeron originalmente ante la Sesión Plenaria del Comité Central del Partido Comunista.

El legado de la NEP

El pensamiento de la NEP impregna la era reformista de Gorbachov. El propio Gorbachov ha invocado el modelo de la NEP como un precedente histórico para sus reformas. En su libro *Perestroika* (1987), Gorbachov describe su política de reestructuración económica como un retorno a las enseñanzas de Lenin. La *perestroika* es la nueva NEP.

Las reformas de Gorbachov, aunque desafían hasta cierto punto el pasado estalinista, no van lo suficientemente lejos en su crítica al sistema económico estalinista. De hecho, Gorbachov y Abel Aganbegyan, su principal asesor económico, sostienen que las políticas económicas de colectivización de Stalin eran necesarias dado el estado de desarrollo de la Unión Soviética en los años treinta. Ni Gorbachov ni Aganbegyan abordan el problema fundamental del sistema soviético; las lecciones de la historia no se aprenden. Sin embargo, otros dentro de los círculos académicos e intelectuales soviéticos no rehúyen la obvia conclusión histórica de la experiencia soviética.

El estancamiento de la era de Brezhnev es un resultado directo del legado estalinista en las relaciones económicas. Y al menos dos escritores han ido más allá y han publicado ensayos en la prensa soviética vinculando explícitamente el marxismo-leninismo con el estalinismo y el Gulag. El problema del sistema soviético radica en los errores políticos y económicos fundamentales inherentes al proyecto marxista-leninista.

Personalmente, tengo la sensación de que el mito actualmente en boga de que los «saltos» de extrema izquierda de Stalin tenían un origen campesino fue creado para cerrar la discusión sobre las razones doctrinales de nuestros fracasos en la construcción socialista, de la intelectualidad del Partido y de la responsabilidad de la clase trabajadora por el estalinismo.

Paradójicamente, parece que la reestructuración hace más difícil limpiar el marxismo de ciertos errores típicos del pensamiento social del siglo XIX. A juzgar por los artículos de ciertos periodistas, no tenemos derecho a juzgar el marxismo basándonos en nuestra historia socialista. El filósofo I. Klyamkin nos dice, por ejemplo, que el socialismo que Stalin construyó no tiene nada que ver con el socialismo de Marx, ni siquiera con el de Trotsky, sino que fue producto de la mente febril de un campesino patriarcal desequilibrado. Si aceptamos este punto de vista, entonces no tenemos derecho a comparar el socialismo científico con el socialismo real. Pero si separamos el socialismo científico del socialismo real, dejamos al primero en el aire. [...]

Es difícil aceptar que las razones de los fracasos de un movimiento al que está ligada toda nuestra vida residen en el propio movimiento, en sus propios errores y equivocaciones. Es reconfortante creer que los enemigos y las causas externas son los culpables. [...] La tentación de separar el estalinismo de nuestra construcción socialista es grande, pero uno debe considerar a qué podría llevarnos tal separación. Además, uno debe partir de los hechos históricos reales.

Hoy en día, es una práctica común criticar el socialismo igualitario, deformado al estilo de cuarteles, construido en la década de 1930. Pero esa crítica elude diligentemente las razones estructurales de nuestro enfoque cuartelario. También evita la pregunta central: ¿puede construirse un socialismo democrático sin cuarteles sobre una base sin mercancías ni mercado? Esa pregunta es central no solo para quienes piensan en el futuro, sino también para quienes buscan comprender el pasado. ¿Por qué en todos los casos, sin excepción, y en todos los países los esfuerzos por combatir el mercado y las relaciones entre mercancías y dinero siempre han conducido al autoritarismo, a usurpaciones de los derechos y la dignidad del individuo, y a una administración y aparato burocrático todopoderosos?

Marx nunca vio esa difícil cuestión, ya que carecía de la experiencia histórica adecuada. Lenin lo intuyó al final de su vida. Todo esto indica la necesidad urgente de una «autoauditoría» seria y abierta de las enseñanzas de Marx sobre las bases económicas de la sociedad futura, sobre cómo la previsión teórica se relaciona con los resultados reales de su implementación en la vida real.

Querramos o no, tenemos la obligación, en nombre de nuestro futuro, de examinar con más seriedad la naturaleza y los motivos del radicalismo de izquierda. Y no habrá salida sin al menos una reevaluación de los valores y sin aclarar cuál es el mayor peligro que enfrentamos hoy. Una crítica al estalinismo que no llegue a los principios será de poco beneficio. La verdad es nuestra única garantía contra una restauración del estalinismo; solo ella puede protegernos. Quizás todo nuestro problema, incluidos los horrores del estalinismo, sea precisamente el resultado de haber disimulado durante tanto tiempo, de no haber aprendido a honrar la verdad por sí misma, la verdad de nuestra historia y sus lecciones.

Sin embargo, quizás el ensayo más importante que apareció en la prensa soviética fue escrito por el economista Vasily Selyunin. El ensayo de Selyunin, *Fuentes*, que apareció en la edición de mayo de 1988 de Novy Mir, sostenía que las libertades políticas y económicas están inexorablemente conectadas y que el terror político soviético bajo Stalin fue el resultado de las políticas económicas de los bolcheviques bajo Lenin. Selyunin sostenía que la interferencia estatal en el sistema económico altera el funcionamiento natural de la oferta y la demanda y sofoca los incentivos económicos. Los problemas económicos soviéticos, afirmaba Selyunin, son el legado de las políticas leninistas. Como señaló con referencia a las primeras políticas de Lenin: «No fue la hambruna la que ocasionó las requisas de grano, sino todo lo contrario: las requisas masivas causaron la hambruna».

El fracaso de la planificación central

Selyunin también cuestionó el concepto de planificación central racional. «Se puede argumentar,» afirmó, «que la experiencia histórica no ha demostrado ninguna ventaja particular de la planificación directiva. Por el contrario, todos conocemos las pérdidas desastrosas que la sociedad ha sufrido de acuerdo con el plan.» El problema es la falta de medios para ayudar a los planificadores en el cálculo económico racional desde arriba; en ausencia de precios de mercado para los medios de producción, ¿cómo saben los planificadores qué proyectos de producción son viables y cuáles no? Los planificadores económicos, en lugar de formular planes *ex ante* como se esperaba en la teoría marxista, se ven obligados a depender del mercado mundial para generar conocimiento sobre la asignación de recursos. Como escribió Selyunin:

> «El problema aquí no reside en errores individuales, sino en la idea errónea de que se pueden prescribir desde arriba, con más o menos detalle, las proporciones y prioridades del desarrollo económico y la escala de producción incluso de los productos más importantes. Nuestros propios planificadores desmienten esta idea cuando estudian cuidadosamente las tendencias mundiales, que están determinadas por las fuerzas del mercado, para planificar lo que deberíamos producir. Así, admiten tácitamente que existe un medio mejor que el nuestro para la regulación, o mejor dicho, la autorregulación, de la economía.»

Quizás la visión más importante de Selyunin sobre la historia soviética y el actual movimiento reformista tenga que ver con el argumento liberal clásico sobre la interconexión de las libertades políticas y económicas. De una manera muy elocuente, expresó la conexión en los siguientes términos:

> «Bajo la producción capitalista de mercado, una persona tiene total libertad para enriquecerse o morir congelada.

Los derechos individuales son el anverso de las implacables libertades económicas. Por el contrario, bajo la propiedad total del Estado, surge la tentación de expropiar al individuo mismo, sus energías físicas y espirituales, para organizar el trabajo según un único plan y procedimientos uniformes. En tales condiciones, el individuo puede ser visto simplemente como un engranaje de una máquina gigantesca. [...] Sería extraño hablar de los derechos individuales o de las libertades civiles de un engranaje.»

El relativo éxito de la NEP, sostenía Selyunin, se debió al establecimiento del Estado de derecho. «Los éxitos económicos de la NEP fueron de la mano con la democratización: la coerción se redujo drásticamente, el Estado de derecho se fortaleció y las libertades personales se ampliaron considerablemente.» Por lo tanto, para que la *perestroika* tenga éxito se deben tomar acciones similares. Y la acción debe ser inmediata. La burocracia se resistirá al cambio, pero este obstáculo debe superarse si queremos que haya alguna oportunidad de una reestructuración real de la economía soviética:

«Ahí es donde radica el principal peligro para la reestructuración. Perder tiempo significa perderlo todo. Cualquier sistema de gestión económica posee una enorme inercia y rechazará elementos extraños, por muy progresistas que sean. Por eso es inútil introducir gradualmente nuevas reglas en el sistema existente. Lo único que se puede lograr de esa manera es desacreditar la reestructuración: 'Ves, se han desperdiciado años en conversaciones y no se aprecian cambios.' La historia no nos perdonará si perdemos nuestra oportunidad. Un abismo debe cruzarse de un solo salto: no se puede cruzar en dos.»

Estas valientes confesiones de Shmelyev, Sirotkin, Tsipko y Selyunin desafían hasta la médula a un gobierno que deriva su justificación de la ideología marxista-leninista. Esta crisis de legitimación es quizás más evidente en el creciente malestar político dentro de las nacionalidades bálticas. Si la *glasnost* expone el pacto Hitler-Stalin (1939) como inmoral e ilegítimo, ¿qué significa eso para el estatus de Estonia, Letonia y Lituania?

Pero la crisis de legitimación se siente incluso en asuntos tan mundanos como la existencia económica del día a día. La *perestroika* y la *glasnost* evocan tanto esperanza como consternación, como ha argumentado Serge Schmemann: «esperanza de que por fin los millones que han vivido las tiranías y las carencias crónicas endémicas de los Estados comunistas encuentren algún alivio; consternación porque ahora se debe reconocer que gran parte del terrible sacrificio, la lucha y las privaciones que han soportado durante tanto tiempo han sido en vano, que la fe secular que una vez prometió tanto ahora se revela a sus propios seguidores como un fracaso.»

Las reformas no logran generar cambios

Las reformas económicas de Gorbachov, lentas en su introducción e inconsistentes en su aplicación, no han producido ningún cambio significativo en la economía soviética. Las largas colas y la escasez de alimentos básicos siguen siendo la norma. Esto ocurre al mismo tiempo que cada vez más personas en la Unión Soviética se están dando cuenta de la razón de su miseria: el sistema soviético de administración económica.

Sin embargo, dentro de este gran drama, se está desarrollando otra historia. La muerte del comunismo como ideología legitimadora es la reivindicación definitiva de varios estudiosos liberales clásicos que fueron ridiculizados por exponer la verdad del sistema socialista de planificación económica. La historia ha sido testigo del triunfo intelectual de individuos como Ludwig von Mises, Friedrich A. Hayek, Michael Polanyi y Paul Craig Roberts. Como escribe Stephen Bohm con respecto a Mises: «Es realmente escandaloso observar cómo décadas de ridículo vertido sobre la 'tesis de imposibilidad' de Mises de repente dan paso a una apreciación de sus ideas como si hubieran formado parte de la sabiduría convencional desde el principio. [...] Sin duda, la apreciación tardía de lo que una vez se pensó que era su mayor error es el triunfo intelectual definitivo de Mises.»

El comunismo, simple y llanamente, se ha revelado ante el mundo entero como un desafortunado y terrible error histórico. Zbigniew Brzezinski, en su controvertido libro, *El gran fracaso: el nacimiento y la muerte del comunismo en el siglo XX* (1989), concluye:

> «El fenómeno comunista representa una tragedia histórica. Nacido de un idealismo impaciente que rechazaba la injusticia del *statu quo*, buscó una sociedad mejor y más humana, pero produjo una opresión masiva. Reflejaba con optimismo la fe en el poder de la razón para construir una comunidad perfecta. Movilizó las emociones más poderosas de amor por la humanidad y de odio por la opresión en nombre de una ingeniería social moralmente motivada. Cautivó así a algunas de las mentes más brillantes y a algunos de los corazones más idealistas; sin embargo, provocó algunos de los peores crímenes de este siglo o de cualquier otro. [...]
>
> El gran fracaso del comunismo ha implicado, en forma resumida, la destrucción inútil de gran parte del talento social y la supresión de la vida política creativa de la sociedad; unos costos humanos excesivamente altos para los beneficios económicos realmente logrados y un eventual declive de la productividad económica debido a la sobrecentralización estatal; un deterioro progresivo del excesivamente burocratizado sistema de bienestar social, que inicialmente representó el principal beneficio del gobierno comunista; y el estancamiento del crecimiento científico y artístico de la sociedad a través de controles dogmáticos.
>
> Ese fracaso histórico, ahora reconocido explícitamente por los líderes comunistas que abogan por reformas, tiene raíces más profundas que los «errores y excesos» finalmente lamentados. Surgió de las deficiencias operativas, institucio-

nales y filosóficas del experimento comunista. De hecho, estaba profundamente arraigado en la naturaleza misma de la praxis marxista-leninista.»

Si, como argumentó Voltaire, la historia es una filosofía que nos enseña por medio de ejemplos, entonces la lección de la experiencia soviética debería desafiar nuestras preconcepciones básicas sobre la interferencia del gobierno en los procesos de libre mercado. No solo deben cuestionarse las políticas socialistas, sino también las políticas intervencionistas que derivan su justificación de la misma pretensión de conocimiento. Quizás finalmente hayamos aprendido la lección que la historia de la Unión Soviética tiene para ofrecernos. Si no, temo que, como escribió Selyunin, «la historia no nos perdonará.»

POR QUÉ AQUELLOS QUE VALORAN LA LIBERTAD DEBERÍAN ALEGRARSE: EL PREMIO NOBEL DE ELINOR OSTROM

Elinor Ostrom, la primera mujer en ganar el Premio Nobel de Ciencias Económicas, es también una de las pensadoras más iconoclastas en recibirlo. (Lo compartió con Oliver Williamson). El trabajo de la profesora Ostrom se centra en los mecanismos de autogobierno que operan en diferentes sociedades. Su curiosidad intelectual la llevó a estudiar las economías públicas locales, en particular la prestación municipal de servicios policiales, la gestión de suministros de agua, la pesca, la silvicultura y el desarrollo en el mundo menos desarrollado. Su marco de análisis se construye desde un modelo de elección humanamente racional hasta un análisis institucional fundamentado históricamente. Estudia las reglas que gobiernan el comportamiento de los individuos en sus interacciones tanto con la naturaleza como entre sí.

Sus colegas en la Universidad de Indiana describen a Ostrom como «humilde y trabajadora». Otro ganador del Premio Nobel, Vernon Smith, la califica como una «académica notable» con una pasión por comprender las sociedades humanas en toda su variedad. Ex presidenta de la *Sociedad de Elección Pública* y de la *Asociación Americana de Ciencia Política*, Ostrom es también una de las profesoras más queridas en el ámbito académico. El Taller de Teoría Política y Análisis de Políticas en la Universidad de Indiana, que codirigió con su esposo, Vincent, es quizás el modelo ideal para un centro de investigación y educación de posgrado.

Pero, ¿qué aprendemos de sus estudios? Yo diría que aprendemos al menos tres puntos principales de estilo y sustancia. En primer lugar, gran parte del discurso político y económico del último siglo ha estado dominado por un debate entre los defensores de los mercados perfectos y los planificadores centrales perfectos. Estos últimos se esforzaban por demostrar los fallos del mercado, para luego insistir en que el gobierno proporcionara las correcciones necesarias. Ostrom fue una de las principales pensadoras de las ciencias sociales en decir: «Espera. Los mercados pueden fallar, pero las soluciones gubernamentales también pueden no funcionar.» Siempre hay que recordar que Elinor y Vincent Ostrom destacan por sus contribuciones fundamentales a la teoría de la Elección Pública. Pero los Ostrom fueron más allá de simplemente demostrar la posibilidad del fallo del gobierno.

Reglas en uso

Esto nos lleva al segundo punto. En la historia del pensamiento político y económico, la fuente del orden social se ha atribuido a la mano invisible de la coordinación del mercado (Adam Smith) o a la mano dura del control estatal (Hobbes). Quizás una de las mejores maneras de entender el trabajo de Elinor Ostrom sea verlo como la resolución de un problema hobbesiano a través de una solución smithiana. Esto puede parecer un poco exagerado, pero no demasiado. Su trabajo sobre las economías públicas locales y los recursos de uso común se centra en «reglas en uso» (a diferencia de las «reglas de forma») en las que se basan los individuos y grupos descentralizados para tomar decisiones y coordinar su comportamiento con el fin de superar dilemas sociales. Esto ofrece un mensaje optimista sobre el poder del autogobierno para tener éxito incluso en situaciones difíciles. Como lo expresó mi colega Alex Tabarrok, Ostrom ve cómo, a través de diversas asociaciones voluntarias, los grupos transforman la situación de recursos comunes de una «tragedia de los comunes» en una «oportunidad de los comunes.»

La teoría económica tradicional sostiene que los bienes públicos no pueden ser provistos a través del mercado. La teoría tradicional de la Elección Pública sostiene que el gobierno a menudo falla a la hora de proporcionar soluciones. Ostrom muestra que los grupos descentralizados pueden desarrollar diversos sistemas de reglas que permiten que la cooperación social emerja a través de la asociación voluntaria.

Un punto que a veces confunde a los lectores es que Ostrom a menudo se centra en situaciones en las que no existe la tecnología para dividir la propiedad en parcelas privadas. En estas situaciones, estudia la toma de decisiones colectiva, pero no estatal, sobre los recursos de uso común. Si bien en tales casos no se emplean soluciones de propiedad privada, las «reglas en uso» que sí operan logran lo que la propiedad privada hubiera logrado. Encontramos reglas que limitan el acceso y que hacen a los individuos del grupo responsables del mal uso del recurso. También encontramos la aplicación de esas reglas. En resumen, el analista debe estar dispuesto a examinar tanto la forma como la función de las reglas en una variedad de situaciones sociales.

Soluciones locales para problemas locales

Diversas instituciones en diferentes sociedades promueven la cooperación voluntaria. Como científicos sociales, debemos ser capaces de comprenderlas. Existen reglas que están en uso, reglas que se enuncian pero no se utilizan, reglas que se conocen por su nombre pero que en la práctica funcionan de otra manera y reglas que se ajustan perfectamente al uso, la forma y la función. Ostrom ha insistido en que los científicos sociales deben comprender las reglas que rigen el comportamiento humano: tanto la forma en que interactuamos entre nosotros como la manera en que interactuamos con la naturaleza. Algunos sistemas de reglas promueven el bienestar humano favoreciendo la cooperación social pacífica y la creación de riqueza; otros obstaculizan el progreso humano al asegurar la violencia y la pobreza. En realidad, es así de simple y así de profundo.

La base del orden social de un pueblo libre es la autogobernanza, no la autoridad gubernamental y el poder centralizado. La toma de decisiones descentralizada que profundiza en los dilemas sociales locales que enfrentan las personas reales, que moviliza incentivos dentro de una estructura de reglas locales, y que utiliza el conocimiento local es la forma en que el proceso de desarrollo institucional asegura que la autogobernanza sea una gobernanza efectiva, permitiendo que seres humanos falibles gestionen razonablemente los recursos escasos y las relaciones entre ellos.

El último punto que quiero destacar sobre la investigación de Ostrom es un mensaje metodológico. Su trabajo es humanista y científico. Ella quiere comprender las sociedades humanas en toda su variedad. Para hacerlo, tuvo que involucararse personalmente: desde el gobierno local en California hasta los sistemas de riego en Nepal, y todo lo demás. Su trabajo de campo en economía y economía política está guiado por la lógica de la elección humana. Ella describe su programa de investigación como «un enfoque conductual a la teoría de la elección racional de la acción colectiva.» Si eliminamos el lenguaje académico, se traduce en un programa de investigación que comienza con los seres humanos y sus propósitos y planes, y termina con sus intentos y esfuerzos para encontrar soluciones voluntarias a dilemas sociales difíciles a través de normas, convenciones y reglas.

Un mensaje de esperanza

Permítanme concluir volviendo a mi título: ¿por qué deberían alegrarse las personas que se preocupan por la libertad al ver esta elección para el premio? El trabajo de Elinor Ostrom encierra una importante dimensión ideológica. Ella no lo ha enfatizado en su obra, pero Vincent sí se ha aventurado en el campo de la filosofía social. Mi libro favorito de Vincent es *El significado de la democracia y las vulnerabilidades de las democracias* (1997). En ese trabajo, Vincent investiga las condiciones previas para una ciudadanía que se gobierna a sí misma. Una sociedad autogobernada, dice, debe estar compuesta de ciudadanos plenamente capaces de abrazar «las preocupaciones del pensamiento y las dificultades de la vida». Desafortunadamente, las maquinaciones de la política democrática —con la manipulación de grupos de interés, el intercambio de favores, la búsqueda de rentas y el motivo del voto— tienden a socavar la capacidad de autogobernanza de un pueblo.

Nada de esto debe interpretarse de manera determinista y pesimista. El mensaje es que la esperanza no se encuentra en el Estado sino en el pueblo. Una sociedad de individuos libres y responsables que son capaces de formar asociaciones voluntarias resolverá los dilemas sociales que enfrentan a través de diversos medios de autogobernanza.

Un mundo diverso de asociaciones

Nadie ha hecho más que Elinor Ostrom, tanto en su investigación como en su labor de docente y mentora en el Taller de Filosofía Política y Análisis de Políticas, para ayudarnos a comprender las reglas e instituciones de autogobernanza que funcionan para generar la cooperación en una amplia variedad de sociedades. Y nadie ha hecho más para alertarnos sobre el daño que los gobiernos pueden causar cuando intentan imponer reglas ajenas a los pueblos locales desde lejos, especialmente cuando sus propios sistemas ya están abordando los dilemas sociales a su manera. Elinor exige que comprendamos y respetemos la diversidad institucional en nuestro mundo, que apreciemos el ingenio y la sabiduría en las soluciones locales y en la creatividad empresarial y el ingenio de individuos en todo el mundo desarrollado y en vías de desarrollo. Trascendiendo a los debates más antiguos en ciencias sociales y políticas públicas, el trabajo de Elinor Ostrom enfatiza la riqueza del entorno institucional y las soluciones creativas que surgen cuando los individuos son libres de formar asociaciones y trabajar dentro de una red de reglas informales que promueven la responsabilidad individual y la rendición de cuentas colectiva.

Los seguidores de la Fundación para la Educación Económica (FEE) y los lectores de *The Freeman* se sienten atraídos por la visión de una sociedad de individuos libres y responsables. La investigación de Elinor Ostrom nos abre una ventana al diverso mundo de las asociaciones que no encajan perfectamente en las categorías de «mercado» o «Estado», pero que, sin embargo, son esenciales para una cooperación social pacífica y próspera.

CAMINO DE SERVIDUMBRE SIGUE JOVEN A SUS 75 AÑOS

Cuando F.A. Hayek se mudó a Gran Bretaña a principios de la década de 1930 desde su Austria natal, se sintió sorprendido al percibir la misma actitud entre los intelectuales británicos que había experimentado entre los pensadores alemanes durante la década de 1920. Había un escepticismo extremo hacia la economía de mercado y el capitalismo, acompañado de un gran optimismo por la planificación y la promesa del socialismo. Si se avanzara el calendario casi un siglo, Hayek podría escuchar el coro de Alexandria Ocasio-Cortez, Elizabeth Warren y Bernie Sanders cantando la misma melodía. Sus oidos incluso podrían animarse un poco cuando las armonías emanan de personas con inclinaciones derechistas como el presidente Trump, que coquetean con la planificación central.

Intelectuales británicos en la década de 1930, como Harold Laski y William Beveridge, dedicaron sus esfuerzos a las reformas sociales. Se desesperaban por los costos sociales que asociaban al capitalismo desenfrenado, resultado del poder de monopolio, las externalidades, la volatilidad macroeconómica, el desempleo masivo y la desigualdad de ingresos. El *Memorando sobre los principios de la planificación socialista* del Comité de Políticas del Partido Laborista de E.F.M. de Durbin de 1934 prometía que un sistema de planificación podría erradicar los males sociales que surgían de las debilidades inherentes al mercado. Pero un punto críticamente importante a entender es que, desde la perspectiva de estos intelectuales, eran socialistas en su economía precisamente porque eran demócratas liberales en su política.

Hayek ya había escuchado todo esto antes en los cafés de Viena y en periódicos en lengua alemana. A finales de la década de 1930, decidió lanzar una advertencia a sus sinceros colegas y compañeros demócratas liberales. *Camino de servidumbre* (1944) fue el resultado de ese esfuerzo.

Trató de demostrar la incompatibilidad de la política económica socialista con el Estado de derecho y la democracia. La clave de su argumento es que en una sociedad democrática liberal no existe una única escala global de valores. La sociedad no puede alcanzar una única jerarquía de fines en los que todos estemos de acuerdo. De hecho, la gran fortaleza de las sociedades democráticas liberales es la multiplicidad de valores que son respetados entre individuos diversos y, a menudo, divergentes, incluso distantes. La sociedad democrática liberal es una sociedad pluralista.

Existen severos límites a la hora de ponerse de acuerdo sobre los fines dentro de una sociedad democrática que funciona y, por lo tanto, debemos limitarnos a un acuerdo sobre los medios por los cuales interactuamos, resolvemos conflictos y, eventualmente, llegamos a vivir mejor juntos que lo que jamás podríamos vivir en aislamiento. La democracia, en este sentido, es una forma de relacionarnos como iguales y dignos, no simplemente como un conjunto de procedimientos de votación —tales como la regla de la mayoría de una persona, un voto.

En *Camino de servidumbre* (1944), Hayek llega a este punto cuando sostiene que «quien controla toda la actividad económica controla los medios de todos nuestros fines y, por lo tanto, debe decidir cuáles han de satisfacerse y cuáles no». Así, Hayek advierte a sus amigos —«esos socialistas de todos los partidos», a quienes dedica el libro— que «el socialismo democrático, la gran utopía de las últimas generaciones, no solo es inalcanzable, sino que al buscarlo se produce algo tan completamente diferente que pocos de los que ahora lo desean estarían dispuestos a aceptar las consecuencias; muchos no lo creerán hasta que se haya descubierto la conexión en todos sus aspectos». Poner al descubierto las consecuencias de la política económica socialista para la democracia liberal es lo que Hayek se propuso hacer no solo en *Camino de servidumbre* (1944)*, sino a lo largo de toda su carrera, que culminó en *La fatal arrogancia* (1988)*.

Sin embargo, es importante comprender que su argumento nunca fue un argumento resbaladizo como suelen sugerir los críticos. El análisis económico de Hayek sobre la planificación económica socialista revela que las políticas empleadas para alcanzar objetivos imposibles tendrá graves consecuencias no deseadas. Fundalmente, una vez enfrentados a una retroalimentación tan frustrante, corresponde a quienes están en posiciones de poder decidir si continuar por su camino predeterminado y defectuoso, o si cambiar de rumbo.

El libro no es determinista. Es una advertencia que, si se tiene en cuenta, significa que puede evitarse el camino que pone en peligro nuestra libertad. Durante muchos años, el Reino Unido y los países nórdicos iban por ese camino, pero sus líderes cambiaron de rumbo —en parte debido a la influencia de Hayek y a los fracasos de la Unión Soviética. Para muchos, estas lecciones todavía influyen en su postura sobre el gobierno actual, como cuando el ex primer ministro sueco Carl Bildt reprendió recientemente las políticas socialistas de Bernie Sanders.

Sin embargo, si hay que creer en las tendencias recientes, los intelectuales, los responsables políticos y los jovenes de Estados Unidos y el Reino Unido están dándole la espalda a la advertencia de Hayek. Enfadados por dos décadas de conflicto internacional desde los ataques del 11 de septiembre, el descontento con la globalización y la indignación por la crisis financiera global —que despojó a individuos y comunidades de sus medios de vida y, en muchos casos, de su dignidad— el sistema capitalista está quizá más bajo ataque hoy que en cualquier otro momento desde la década de 1930.

Si bien nadie está pidiendo una planificación central integral y la abolición de la propiedad privada, sí se escuchan llamados a la participación del gobierno en el sistema económico y social en cada etapa y al establecimiento de iniciativas políticas a gran escala para abordar prioridades sociales. El Green New Deal se introdujo poco después de que el Consejo de Asesores Económicos elaborara un informe sobre los costos de oportunidad de las políticas socialistas.

En cualquier debate sobre políticas públicas, deberíamos insistir en que el debate pase del nivel de deseabilidad abstracta al nivel concreto de viabilidad. Si realmente queremos progresar, debemos examinar seriamente la gama de resultados viables que sean económicamente sostenibles. Tales movimientos en el discurso público requieren una disciplina en los asuntos intelectuales que parece casi fuera de alcance en este momento de división y discordia.

Pero este desafío es, sin duda, menos intimidante que el asumido por Hayek cuando comenzó su proyecto de «Abuso de la razón» y publicó *Camino de servidumbre* hace 75 años. Una nueva lectura del libro hoy proporciona un análisis sereno y sobrio de los sistemas económicos y políticos, nada propenso a la hipérbole como afirman los críticos de Hayek. Su argumento es sutil y matizado, examinando la lógica situacional de los acuerdos institucionales comparativos y el impacto en la especialización productiva y la cooperación social pacífica entre personas libres e iguales.

Hayek todavía nos habla hoy sobre la naturaleza de las formas democráticas de relacionarnos con el Estado de derecho, la estructura del gobierno, el papel de las políticas públicas y la promesa de un orden internacional de liberalismo cosmopolita. Puede que el libro tenga 75 años, pero la esencia de su mensaje es tan joven y fresco como cualquier obra de economía política y filosofía social que leerás este año.

IV.
COMPASIÓN

La reconstrucción del proyecto económico

«Debemos hacer que la construcción de una sociedad libre
sea nuevamente una aventura intelectual, un acto de valen-
tía. Lo que nos falta es una utopía liberal, [...] un radicalismo
verdaderamente liberal. [...] La principal lección que el verdadero liberal debe aprender del éxito de los socialistas es
que fue su coraje de ser utópicos lo que les valió el apoyo de
los intelectuales. A menos que podamos convertir los fundamentos filosóficos de una sociedad libre una vez más en una
cuestión intelectual viva y su implementación en una tarea
que desafíe el ingenio y la imaginación de nuestras mentes
más vivas, las perspectivas de la libertad son realmente sombrías. Pero si podemos recuperar esa creencia en el poder de
las ideas que fue el distintivo del liberalismo en su apogeo, la
batalla no está perdida.» - F.A. Hayek

El liberalismo necesita una renovación. Pero considero importante subrayar que, en mi opinión, el liberalismo no se
enfrenta a un problema de marketing, sino a un problema
de pensamiento. Se ha dedicado demasiado tiempo y esfuerzo a volver a empaquetar y comercializar una doctrina fija
de verdades eternas, en lugar de repensar y evolucionar para
hacer frente a los nuevos desafíos. El verdadero liberalismo
enfrenta hoy un serio problema debido a las ideas que sur-

gen de una nueva generación de socialistas de izquierda y de movimientos conservadores de derecha, algunos de los cuales afirman seguir las enseñanzas tradicionales del liberalismo sobre la santidad de los derechos de propiedad privada y la libertad de asociación. Ambos bandos se alimentan de una retórica populista y de una desilusión nacida de la incomodidad por tener que adaptarse a un mundo globalizado en constante cambio.

Los desafíos de un mundo globalizado no son nuevos, así como el miedo hacia el «otro» no es un reto nuevo para el verdadero liberalismo. Como Hayek señaló repetidamente, las intuiciones morales que son producto de nuestro pasado evolutivo, que en gran medida son morales de grupo, a menudo entran en conflicto con los requisitos morales de la gran sociedad globalizada. Nosotros como verdaderos liberales radicales y en nuestra capacidad como estudiosos de la civilización, como profesores de economía política y filosofía social y como escritores e intelectuales públicos debemos ayudar a cultivar intuiciones morales más maduras si queremos que se mantengan los grandes beneficios de la gran sociedad. El populismo de izquierda y de derecha se agita en contra de tal esfuerzo por cultivar las sensibilidades del liberal cosmopolita y, en su lugar, promueve un pensamiento y una acción provinciana e intragrupal. Además, tanto el populismo de izquierda como el de derecha se basan en un razonamiento económico deficiente.

Los argumentos contemporáneos desplegados se identifican con las críticas tradicionales a la economía de mercado basadas en la ineficiencia, la inestabilidad y la injusticia, pero, como en el pasado, no pueden identificar correctamente las fuentes de estos males sociales en la realidad existente de nuestros tiempos. Así como las grandes voces económicas de la Sociedad Mont Pelerin en la era posterior a la Segunda Guerra Mundial, como Hayek, Friedman y Buchanan, tuvieron que contrarrestar estos argumentos con investigaciones cuidadosas y una prosa eficaz, también debe hacerlo la generación actual de miembros de la Sociedad Mont Pelerin si queremos que haya progreso científico, sabiduría académica y cordura práctica para abordar los males sociales de nuestros tiempos.

En Estados Unidos y el Reino Unido, la amenaza populista puede verse tanto a la izquierda como a la derecha, como es evidente en la retórica de Bernie Sanders y Jeremy Corbyn, respectivamente, y en los eventos electorales populistas de 2016 con la victoria de Donald Trump en la carrera presidencial de Estados Unidos y la votación del *brexit* en el Reino Unido. Ser antisistema nunca debería ser suficiente para brindar alegría intelectual a un verdadero liberal. La élite progresista establecida en las democracias occidentales, como dijo Hayek en su discurso del Premio Nobel, «ha provocado un desastre» con la política económica y con la legislación que ha socavado el Estado de derecho. Los verdaderos liberales deben ser críticos vociferantes de los errores intelectuales cometidos por la élite progresista y de las consecuencias empíricas que tales errores han traído consigo. La peligrosa alianza entre el cientificismo y el estatismo, sobre la que advirtió Hayek, debe ser primero reconocida, luego entendida por el daño que ha causado a la política pero también a la ciencia y finalmente desmantelada. Deben introducirse salvaguardas institucionales que proporcionen una resistencia efectiva para que esta alianza perjudicial no se vuelva a forjar en el futuro, ya sea con propósitos de izquierda o de derecha. Esto requiere una reflexión profunda y una investigación cuidadosa. Eso no es fácil de hacer ni de seguir para las masas populares que, con demasiada frecuencia, se aburren con las sutilezas y los matices del pensamiento científico y filosófico.

El verdadero radicalismo liberal siempre fue, en esencia, tirar del bigote a los pretenciosos y arrogantes en posiciones de poder que pensaban que podían elegir mejor para los demás que ellos mismos. Adam Smith, por ejemplo, advirtió que:

«El estadista que intentara indicar a los particulares la forma en que deben emplear sus capitales, no solo se cargaría con una atención absolutamente innecesaria, sino que asumiría una autoridad que no podría confiarse de manera segura, no solo a una persona en particular, sino a ningún consejo o senado, y que en ningún lugar sería tan peligroso como en manos de un hombre que tuviera la suficiente necedad y presunción para creerse apto para ejercerlo.»

En este siglo, Ludwig von Mises se apresuró a recordar a su audiencia que: «Es imposible entender la historia del pensamiento económico si no se presta atención al hecho de que la economía como tal es un desafío a la vanidad de aquellos en el poder.» Y, por supuesto, F.A. Hayek diagnosticó las consecuencias de *La fatal arrogancia* (1988).

El verdadero liberalismo es una crítica sutil y matizada del dominio ejercido por parte de los expertos. Utiliza la razón, como dijo Hayek, para desmantelar las afirmaciones de la Razón. Si el liberalismo no tiene éxito en este esfuerzo por exponer la pretensión del conocimiento, entonces esos expertos corren el riesgo de convertirse en tiranos de sus semejantes y en destructores de la civilización. De modo que la crítica populista de la élite establecida no es lo que constituye la amenaza a una sociedad libre; son las particularidades del programa populista de políticas introspectivas, del nacionalismo económico, que busca erigir barreras al comercio, a la asociación, a la especialización productiva y a la cooperación social pacífica entre individuos dispersos y diversos repartidos por todo el mundo. En algunos casos, ni siquiera quieren ver los beneficios del comercio mutuo que podrían ser perseguidos entre vecinos que poseen cierto grado de distancia social que les resulta incómoda.

La verdadera mentalidad liberal, por otra parte, consiste en cultivar y liberar los poderes creativos de la civilización libre. Es aquella que celebra la diversidad humana en habilidades, talentos, actitudes y creencias, y busca aprender constantemente de esta mezcla heterogénea de alegrías humanas en todas las cosas, grandes y pequeñas: desde diferentes recetas hasta bellas artes, creencias y actitudes fundamentales sobre lo más sagrado. El liberalismo, en teoría y en práctica, trata de emancipar a los individuos de las ataduras de la opresión. Al hacerlo, otorga a los individuos el derecho a decir NO. Pero, si bien decir no es fundamental para poder romper relaciones de dominio, el programa positivo del liberalismo está creando un mayor ámbito para relaciones mutuamente beneficiosas y abriendo así la posibilidad de los SÍ libres y voluntarios en todos los compromisos sociales. El liberalismo económico fue un argumento basado en los beneficios mutuos de la asociación que podían obtenerse con individuos de gran distancia social, beneficiándose de la cooperación tanto con extraños como con amigos. Además, ampliar el radio de acción por el cual los extraños se convierten en amigos a través de relaciones comerciales mutuamente beneficiosas. El argumento liberal se basó en parte en la tesis del *doux-commerce,* que trata tanto de civismo y respeto como de eficiencia y ganancias.

El liberal reconoce el derecho de otros a mantener actitudes provincianas en su esfera restringida y el derecho a decir NO a posibles relaciones de cooperación mutua, pero también reconoce que esto solo puede ser posible dentro de un *marco general* de liberalismo cosmopolita. Decir NO en ese contexto implica un costo que debe asumir el individuo o grupo que se encierra sobre sí mismo. Ellos soportarán el costo de renunciar a las ganancias mutuas del intercambio y, por este motivo, a los beneficios de la especialización productiva y la cooperación social pacífica con otros. Si, por el contrario, las actitudes provincianas se apoderan del marco general de referencia, que es lo que actualmente está en riesgo con esta amenaza populista, entonces aquellos en el poder terminarán diciendo NO al individuo. Asimismo, los poderes creativos de la civilización libre se verán restringidos y el crecimiento del conocimiento y la acumulación de riqueza se verán igualmente limitados. El provincianismo local mata el progreso al concentrar la atención en el grupo, en lugar de permitir, por no decir habilitar, a los individuos en su búsqueda de nuevas formas de aprender y beneficiarse de los demás. Encerrarse en sí mismo significa alejarse de la búsqueda de la especialización productiva y de la cooperación social pacífica en el mercado global.

«El objetivo de la política interna del liberalismo», escribió el gran economista y teórico social Ludwig von Mises en *Liberalismo*, «es el mismo que el de su política exterior: la paz. Aspira a la cooperación pacífica tanto entre naciones como dentro de cada nación. El punto de partida del pensamiento liberal es el reconocimiento del valor y la importancia de la cooperación humana. Toda la política y el programa del liberalismo están diseñados para servir al propósito de mantener el estado existente de cooperación mutua entre los miembros de la raza humana y de extenderlo aún más. El ideal último imaginado por el liberalismo es la cooperación perfecta de toda la humanidad, que se lleva a cabo pacíficamente y sin fricciones. El pensamiento liberal siempre tiene en cuenta a toda la humanidad y no solo a partes de ella. No se detiene en grupos limitados; no termina en la frontera del pueblo, de la provincia, de la nación o del continente. Su pensamiento es cosmopolita y ecuménico: abarca a todos los hombres y al mundo entero. El liberalismo es, en este sentido, humanismo; y el liberal, un ciudadano del mundo, un cosmopolita.»

Entonces, ¿cómo puede haber confusión sobre la relación entre el liberalismo y el populismo? El verdadero radicalismo liberal no tiene nada en común con los movimientos populistas, excepto una crítica a la élite establecida progresista que ha dominado el mundo intelectual y político desde la Segunda Guerra Mundial. Y la crítica liberal a la élite progresista se basa en una economía sólida y en la gran y honorable tradición de la economía política, no nace de la desilusión y la frustración airada. La Sociedad Mont Pelerin se fundó para cultivar la conversación y perpetuar el progreso del pensamiento liberal para cada nueva generación. Esa tarea sigue siendo nuestra tarea y tenemos que estar a la altura del desafío.

El liberalismo es liberal

Yo diría que la primera tarea consiste en que el verdadero liberal reafirme la profunda naturaleza liberal del verdadero radicalismo liberal tanto ante amigos como ante críticos. Samuel Freeman publicó una reflexión filosófica sutil y sofisticada sobre «Libertarios iliberales», pero su idea básica quedó reflejada en un tono más popular en un ensayo de Jeffrey Sachs titulado «Ilusiones libertarias». Después de leer la visión que tiene Sachs sobre el libertarismo, no debería haber duda de que personas extremadamente inteligentes malinterpretan constantemente la posición del liberalismo clásico y del libertarismo en nuestro actual clima de opinión intelectual. ¿Por qué creería Sachs que «la compasión, la justicia, la responsabilidad cívica, la honestidad, la decencia, la humildad, el respeto, e incluso la supervivencia de los pobres, los débiles y los vulnerables deben quedar en un segundo plano»? ¿Lo leyó en Adam Smith, en Jean-Baptiste Say, en John Stuart Mill, en Friedrich Hayek, en Milton Friedman, en James Buchanan o en Vernon Smith? Deirdre McCloskey, quizás más que cualquier otro académico contemporáneo, está realmente esforzándose por dejar las cosas claras en estas cuestiones, pero necesitamos más voces que afirmen el firme compromiso con las virtudes liberales en el proyecto del liberalismo clásico y del libertarismo moderno. Sachs necesita leer a McCloskey si no lo ha hecho y, si la ha leído, debería repensar lo que piensa sobre el proyecto libertario. Pero aquellos de nosotros que compartimos los compromisos de McCloskey tenemos que facilitar a personas como Jeff Sachs (o Samuel Freeman) la lectura de nuestro liberalismo, en lugar de hacerla demasiado difícil. A menudo hacemos que sea complicado debido a ciertos hábitos de pensamiento que se han infiltrado en el proyecto liberal durante la segunda mitad del siglo XX.

Limitarse a señalar lo que está mal en los demás que leen nuestras obras no es muy útil. Tenemos que preguntarnos de manera autocrítica a qué responde el hecho de que nuestra posición se preste a malentendidos. ¿Qué fallos en el pensamiento y la comunicación podríamos estar cometiendo? Y, para plantear una pregunta crítica aún más profunda, ¿qué hay en nuestros textos clásicos que conduzca a esta conclusión? Tanto Freeman como Sachs tienen más argumentos a favor de su posición al distinguir, cada uno a su manera, entre posiciones filosóficas y posiciones prácticas, por una parte, y entre liberalismo clásico y libertarismo moderno, por otra. Lo que están combatiendo es, en su opinión, una falacia común: leer el libertarismo moderno como un refinamiento y una extensión del liberalismo clásico. Para muchos de nosotros, libertario es solo un término inventado después de la Segunda Guerra Mundial que responde a la corrupción que sufrió el significado del verdadero liberalismo por parte de la élite progresista en la primera mitad del siglo XX, especialmente en los Estados Unidos. Así lo vemos nosotros, por lo que su lectura resulta desconcertante al principio. Muchos verían a Nozick, por ejemplo, como una reformulación moderna del liberalismo lockeano; a Hayek como una reformulación moderna del liberalismo de Smith y Hume; y a Buchanan como una reformulación moderna de la teoría del contrato social y el proyecto de los Padres Fundadores de Estados Unidos de construir una democracia constitucional representativa.

Pero no tan rápido, sostienen Freeman y Sachs. El liberalismo trata sobre la igualdad humana básica, de vernos unos a otros como iguales. Y, por supuesto, tienen razón. Pero, según su perspectiva, los libertarios sitúan la libertad por encima de todos los demás valores sociales y defienden la inviolabilidad de los contratos por encima de todo. Esto podría llevar, y en en su lectura lo hace, a los libertarios modernos a mantener posiciones bastante iliberales. En lugar de una igualdad humana básica y de tratarse unos a otros como iguales, el compromiso con los derechos de propiedad y la libertad de contrato puede llevar a que algunos ejerzan el dominio sobre otros. En lugar de romper los vínculos de opresión, el libertarismo puede fortalecer esos vínculos y, de hecho, ser responsable de la introducción de nuevos vínculos de opresión. Debemos admitir que en la crítica al establishment progresista y sus demandas de usurpación de la propiedad privada, de la libertad de contrato y de la libertad de asociación, los escritores libertarios a menudo han adoptado una postura retórica que prioriza la inviolabilidad de la propiedad y el contrato, que aboga por una defensa de la tradición y las posiciones provincianas que muchos consideran valiosas debido al accidente de nacimiento, familia, convicción, y quizás incluso consideradas un reflejo de la experiencia personal. Pero es fundamental para nuestra discusión que, cualesquiera que sean las razones por las que mantenemos creencias provincianas, sostenerlas en nuestro *marco* de referencia no solo significa fijarnos en las costumbres y las prácticas del propio grupo, mirar con desconfianza a los otros grupos y sus creencias y comportamientos a nivel individual, sino empoderar a quienes están en disposición de decir NO por los demás. Mientras que, si se limita el provincianismo al nivel del individuo y el grupo, los costos de decir NO corren a cargo de ellos, y los demás siguen siendo libres de decidir por sí mismos si dicen NO o SÍ a las posibilidades de relaciones mutuamente beneficiosas con otras personas socialmente distantes, ya sea una distancia social pequeña o grande.

Enfatizar el derecho a decir NO de manera categórica ha sido utilizado en algunos escritos como una forma de «prueba de fuego» para la retórica libertaria, lo cual es particularmente inútil para pensar qué reglas de interacción social nos permiten vivir mejor juntos de lo que podríamos vivir en aislamiento. El ejercicio intelectual de demostrar lógicamente la posición *personalmente* más desagradable que uno pueda sostener con respecto a las virtudes y sensibilidades liberales a partir del «axioma de no agresión», y luego defender el «derecho» de las personas a mantener esa posición como libertarios no es el mismo proyecto que descubrir las reglas de conducta justa en un mundo donde nuestro encuentro con nuestros vecinos nos obliga a negociar con ellos para que podamos vivir juntos y perseguir una especialización productiva y una cooperación social pacífica. El libertario de la «prueba de fuego» puede sentirse orgulloso de ser un contrarrevolucionario y sorpender a los lectores, pero este «orgullo» es el resultado de malinterpretar el arte de la controversia en la economía política y la filosofía social. No es una cuestión de marketing decir que no queremos «sorprender» gratuitamente a los lectores, sino «invitarlos» a una consulta de interés mutuo para ambos. La investigación implica que estás pensando; que todavía sigues en proceso de aprendizaje; encontrar alegría al descubrir cosas, mientras que «sorprender» implica posesión de la verdad y tu alegría se encuentra en exponer errores y atrapar a otros comprometidos en un pensamiento presuntamente laxo. La investigación requiere un pensamiento intenso y continuo sobre cuestiones que son complicadas; «sorprender» implica que has dejado de pensar sobre este tema y afirmas tu comprensión privilegiada sobre los demás. La investigación es una conversación entre estudiantes adultos —estudiantes de por vida; «sorprender» es para niños que se contentan con lo simple y lo tonto. Aquellos que pueden «sorprender» nunca podrían sentirse tan cómodos con la afirmación liberal según la cual de la madera torcida de la humanidad no puede crearse nada recto.

Existe una multiplicidad de razones por las que el liberal abraza las virtudes de la apertura, de la aceptación y, sobre todo, de la tolerancia. Como escribió Mises en *Liberalismo*, «lo que impulsa al liberalismo a exigir y otorgar tolerancia no es la consideración del contenido de la doctrina que se va a tolerar, sino el conocimiento de que solo la tolerancia puede crear y preservar las condiciones de paz social sin las cuales la humanidad debe recaer en la barbarie y la pobreza de siglos pasados.» Por supuesto, Mises también argumentó que el liberalismo debe ser intolerante con la intolerancia. Hay que reprender a quienes intentan expresar sus convicciones mediante la violencia y la perturbación de la paz. La respuesta, sin embargo, se encuentra en el principio liberal de tolerancia al libre flujo de ideas y creencias. Si el principio liberal de tolerancia hace imposible coaccionar a otros para que se unan a la propia causa, también impide que otras causas te coaccionen. Incluso los fanáticos, razona Mises, deben admitir este punto.

Pero la retórica de los libertarios de la «prueba de fuego» no celebra las virtudes liberales, sino el derecho del individuo a ser cerrado, a rechazar y a ser intolerante. De nuevo, si este derecho se ejerce solo a nivel individual, entonces la persona pagará el precio de sus elecciones; pero si se permite que se infiltre en el marco del sistema, entonces otros se verán obligados a pagar el precio a pesar de que no sea su elección. En lugar de equivocarse de esta manera retórica y desperdiciar esfuerzos intelectuales para derivar un argumento lógico a favor del derecho a ser iliberal en sus creencias y prácticas con los demás, sugeriría que el pensamiento serio por parte de los verdaderos radicales liberales debe enfatizar los *aspectos positivos* de la sociabilidad humana, de la cooperación con aquellos a gran distancia social y de los aspectos civilizadores del comercio. La tesis del *doux-commerce* de Voltaire, Montesquieu y Smith necesita defensores modernos, además de McCloskey, que aborden las cuestiones de la globalización, de la inmigración, de los refugiados, de la posibilidad de un intercambio mutuamente beneficioso con aquellos que piensan diferente, que adoran diferente, que viven de manera diferente a tí, así como las cuestiones prácticas que están ligadas al comercio mundial en materia de política monetaria, política fiscal y derecho internacional.

Nuestra comprensión moderna de la economía técnica, la economía política estructural y la filosofía moral más profunda de Adam Smith está tan defectuosa que se pierde de vista una preocupación común básica de los filósofos escoceses como la de crear las condiciones institucionales para una sociedad civil y compasiva. El enfoque de Hume sobre la propiedad privada, la transferencia de propiedad por consentimiento y el cumplimiento de promesas a través de contratos no son reglas que solo benefician a un segmento de la sociedad a expensas de otros, sino que forman la base general de la sociedad civil y la cooperación social pacífica. El análisis de Smith de la riqueza de las naciones no se mide en última instancia en baratijas y actos glotones de consumo, sino por un aumento en el nivel de vida que es compartido por una parte cada vez mayor de la población general. Es una cuestión empírica determinar qué conjunto de instituciones logra mejor esa tarea. Pero la preocupación por elevar los estándares de vida de los menos favorecidos de la sociedad es tenida en cuenta en cualquier lectura cuidadosa de la economía política liberal desde Adam Smith hasta Vernon Smith. En otras palabras, volviendo a la caricatura de la economía libertaria que hace Jeffrey Sachs, sostengo que él debería saberlo mejor. Y lo mismo deberían hacer otros en filosofía, política y economía. El modelo atomístico del hombre —la caricatura de la economía neoclásica— no tiene nada que ver con el liberalismo tal como lo entiende el economista político clásico o los descendientes modernos de la corriente principal del pensamiento político y económico que se agrupan con el moderno campo libertario, cuyos críticos quieren caracterizar lo que he llamado libertarismo a «prueba de fuego».

Permíteme expresar esto de la manera más clara posible. El libertarismo de «prueba de fuego» no representa el libertarismo; fue una divergencia única en un momento del tiempo. Los respectivos esfuerzos por construir sistemas arquitectónicos en ética aplicada deben rechazarse como un error de pensamiento. Considera la voz filosófica más respetada en el pensamiento libertario, Robert Nozick. Una lectura cuidadosa de su clásico *Anarquía, Estado y utopía* revelará un profundo compromiso con la teoría de la «mano invisible», más que la derivación lógica de las posiciones libertarias a partir de «derechos». Por supuesto, Nozick postula «derechos», pero su análisis en las tres secciones de su obra se basa en el pensamiento de procesos, el más desarrollado de los cuales es la economía y la teoría de la contestabilidad. Se basa en argumentos del estilo de los «derechos» dentro de su crítica a Rawls y la justicia social, pero esa crítica también se ve reforzada por el argumento del economista sobre la relación entre el intercambio, la producción y la distribución, así como los mecanismos asociados con el pago de los factores de producción y el atractivo del beneficio y el castigo de la pérdida.

Los economistas políticos liberales clásicos consideran que el individuo no es un átomo, sino que está integrado en contextos sociales: en familias, en comunidades, en la historia. Sí, existe tanto el postulado del interés propio como el teorema de la mano invisible, pero estos no se entienden como el crítico convencional desea presentarlos. La línea principal del pensamiento económico desde Smith hasta Hayek tiene una estructura analítica de elección racional para las cuestiones de la lógica de la elección, pero se trata de una elección racional para mortales, no para robots. Hay procesos de mano invisible discutidos a lo largo de las diversas obras, pero dependen de un contexto institucional para proporcionar los procesos de filtrado que dictan las tendencias equilibradoras exhibidas. En resumen, la línea principal de la economía política desde Smith hasta Hayek es aquella que realiza elecciones racionales como si los que eligen fueran humanos y ofrece un análisis institucional como si la historia importara. En este trabajo no se encuentra propiamente ningún análisis atomístico, egocéntrico y prudencial.

Además, este enfoque de la línea principal de la economía política, mientras celebra las pretensiones morales del igualitarismo de recursos, está firmemente arraigado en el igualitarismo analítico. Cualquiera que desafíe la perspectiva del igualitarismo analítico está sujeto al desprecio de Smith; por ejemplo, su proposición de que la única diferencia entre el filósofo y el portero de la calle está en los ojos del filósofo, o su advertencia anteriormente citada sobre el estadista que intenta predecir el mercado, que no solo asumiría un nivel de responsabilidad que es incapaz de ejercer juiciosamente, sino que también sería mucho peligroso en manos de un hombre que se crea capaz de llevar a cabo dicha tarea. Hume y Smith presentaron un argumento estructural en economía política; un argumento destinado a descubrir un conjunto de instituciones donde los hombres malos pudieran causar el menor daño posible si llegaran a asumir posiciones de poder. Como dijo Hume, cuando diseñamos instituciones de gobernanza debemos suponer que todos los hombres son bribones. Y en un movimiento que anticipó la economía política moderna tanto de Hayek como de Buchanan, Smith argumentó que nuestro comportamiento tunante se manifiesta en arrogancia o en oportunismo.

Pero el énfasis que he puesto de manifiesto hasta ahora se concentra en las restricciones que los liberales clásicos esperan imponer al abuso de poder por parte de las élites políticas. Sin embargo, es igualmente importante subrayar el aspecto emancipador de la doctrina. Como escribe Hayek en su ensayo «Individualismo: el verdadero y el falso», Smith y otros economistas políticos liberales clásicos estaban preocupados «no tanto por lo que el hombre podría lograr ocasionalmente cuando estaba en su mejor momento, sino por que debería tener la menor oportunidad posible de hacer daño cuando estaba en su peor momento». Hayek continúa: «No sería exagerado afirmar que el principal mérito del individualismo que él y sus contemporáneos defendían es que es un sistema bajo el cual los hombres malos pueden causar el menor daño. Es un sistema social que no depende de que encontremos hombres buenos para administrarlo, ni de que todos los hombres se vuelvan mejores de lo que son ahora, sino que utiliza a los hombres en toda su variedad y complejidad, a veces buenos y a veces malos, a veces inteligentes y más a menudo estúpidos.» Y Hayek concluye: «Su objetivo era un sistema bajo el cual fuera posible otorgar libertad a todos, en lugar de restringirla, como deseaban sus contemporáneos franceses, solo 'a los buenos y a los sabios'.»

La diferencia de juicio entre Hayek y Sachs no es una preocupación filosófica por los menos favorecidos, sino una evaluación empírica de qué sistema proporciona mejor «compasión, justicia, responsabilidad cívica, honestidad, decencia, humildad, respeto e incluso supervivencia de los pobres, débiles y vulnerables». La visión liberal a lo largo de su historia ha sido la que buscaba encontrar un conjunto de instituciones que produjeran una sociedad de individuos libres y responsables, que tuvieran la oportunidad de participar y prosperar en una economía de mercado basada en pérdidas y ganancias, que vivieran y participaran activamente en comunidades solidarias y comprometidas.

Se trata, en última instancia, de una cuestión empírica. Las preguntas empíricas no pueden responderse filosóficamente, sino solo a través de una investigación cuidadosa y exhaustiva. Y eso significa que debemos llevar la conversación sobre la compasión, la justicia, la responsabilidad cívica, la honestidad, la decencia, la humildad, el respeto y la preocupación por los pobres, los débiles y los vulnerables, más allá de la poesía romántica hacia un análisis institucional riguroso. La preocupación compasiva por los menos favorecidos siempre debe estar disciplinada por el análisis de cómo el entorno institucional en el que vivimos juntos estructura los incentivos que enfrentan los actores al tomar decisiones y moviliza la información dispersa en todo el sistema social que debe utilizarse para tomar decisiones y aprender de la interacción social. El liberalismo constituye una invitación a investigar las reglas de gobernanza que nos permiten como seres humanos falibles pero capaces vivir mejor juntos; para tomar conciencia de los beneficios de la cooperación social bajo la división del trabajo. El verdadero radicalismo liberal exalta las virtudes liberales, las cuales sustentan las instituciones de la economía política liberal.

Crítica populista del *establishment*

El auge de la crítica populista del *status quo* en nuestra época tiene múltiples razones: algunas provienen de una frustración y desilusión culturales profundamente arraigadas con el sueño americano y otras de la frustración con las elecciones de políticas que han hecho que la percepción de sus vidas sea menos próspera y menos segura. Para abordar un problema, es necesario admitir que hay un problema. Mi opinión es que señalar que estas percepciones podrían no ser la realidad, aunque sean hechos importantes a tener en cuenta, tal vez no sea la respuesta más productiva. Si existen problemas, deberíamos buscar las razones institucionales. Los problemas institucionales exigen soluciones institucionales y la economía política liberal tiene soluciones institucionales que ofrecer.

El problema con la élite del establishment en el Occidente democrático es que la respuesta a los males sociales durante más de un siglo ha sido más programas gubernamentales y, específicamente, más programas gubernamentales dirigidos por una élite política capacitada que en gran medida era inmune a la retroalimentación democrática de las mismas poblaciones a las que estos programas estaban diseñados para ayudar. Vincent Ostrom, en *La crisis intelectual de la administración pública americana*, detalló la transformación de la administración democrática a la administración burocrática durante la Era Progresista. Este cambio filosófico básico también vino acompañado de un cambio institucional, ya que la Era Progresista no solo fue testigo del auge del Estado regulador, sino también del Estado administrativo y, en particular, de agencias reguladoras independientes, con expertos capacitados a la cabeza. Más recientemente, David Levy y Sandra Peart argumentan de manera exhaustiva que esta demanda, y más importante aún, la pretensión de contar con un gobierno de expertos desembocó en un argumento a favor del *Escape de la democracia*. Las consecuencias, como Hayek identificó en su discurso del Nobel y se analizó anteriormente en este artículo, fueron importantes para la autocomprensión de la economía política y los asuntos prácticos de las políticas públicas y el desempeño económico.

Desafortunadamente, la crítica del orden liberal que los progresistas promovieron para justificar el cambio de una administración democrática a una administración burocrática fue tratada por los intelectuales como algo separado y, como tal, aceptable, incluso si la solución propuesta de un gobierno de expertos era decepcionante. El sistema capitalista era responsable de la inestabilidad a través de las fluctuaciones industriales, la ineficiencia a través de los monopolios y otros fallos del mercado; también era responsable de la injusticia a través de la desigualdad de ingresos y las ventajas injustas fruto de la acumulación de riqueza. Así que hoy nos encontramos en una posición extraña en la que los populistas critican el gobierno de los expertos, pero creen lo que estos expertos les dijeron que eran los problemas que aquejaban a la sociedad y que resultaron en su desilusión con el problema del progreso. La retórica populista sostiene que los trabajadores industriales son desplazados por máquinas y por mano de obra extranjera de menor costo, ya sea a través de empresas que se trasladan al extranjero o de inmigrantes que compiten con ellos en el mercado laboral nacional. Y estos inmigrantes no solo reducen su nivel de vida; se nos dice que un subconjunto de ellos son criminales y terroristas que amenazan su propia seguridad y la de sus seres queridos. La retórica populista sostiene que la clase media y la clase trabajadora han sufrido las consecuencias de la especulación irracional de los banqueros de inversión que destruyeron los medios de vida, los hogares y las comunidades de los ciudadanos comunes. El mundo tal como lo conocemos, se les dice desde varios rincones, es uno de unos pocos privilegiados, donde el poder monopólico dicta los precios que tiene que pagar y el poder monopsónico limita los salarios que razonablemente pueden esperar del mercado. En el nacionalismo económico populista —tanto de izquierda como de derecha— solo la intervención gubernamental puede servir como correctivo necesario; debemos restringir el libre flujo de capital y mano de obra, debemos contrarrestar el poder monopolista y aumentar los salarios por la fuerza. Sin embargo, el populista critica a la élite del establishment en las políticas públicas al tiempo que aboga por un mayor papel del gobierno y sus agencias para contrarrestar los males sociales de la inestabilidad, la ineficiencia y la desigualdad.

Existe una contradicción fundamental en la crítica populista del establishment, tanto de izquierda como de derecha: el gobierno les está fallando, pero falla a medida que crece en escala y alcance de actividades. Sin embargo, precisamente porque está fallando, debe crecer en escala y alcance para abordar ese fracaso. Los gobiernos de todo el Occidente democrático se han hinchado y desviado significativamente de cualquier principio constitucional de moderación. La crítica de la élite progresista al capitalismo se basó en el temor a la capacidad depredadora sin restricciones de poderosos actores privados, pero para frenar la depredación privada se reclutó a una poderosa autoridad pública centralizada. Al hacerlo, posibilitaron una depredación pública a gran escala. Pero, aunque se puede reconocer en diferentes momentos que los males sociales que aquejan a la sociedad se manifiestan en la deuda pública y la inflación, estos están menos relacionados con la regulación excesiva, la criminalización excesiva, la militarización excesiva, etc., que son otras manifestaciones de una expansión constante en la escala y el alcance de la autoridad gubernamental en las vidas de los ciudadanos en todo el mundo democrático.

La verdad es que los males sociales que enfrentamos en todo el mundo pueden atribuirse a este crecimiento del gobierno, que conduce a la erosión de una sociedad basada en contratos y al ascenso de una sociedad basada en conexiones, lo que implica el entrelazamiento del gobierno, las empresas y la sociedad. Tenemos políticas que no promueven la competencia, sino que protegen a individuos y grupos privilegia-

134

dos de las presiones de la competencia. Tenemos instituciones financieras que han podido privatizar sus ganancias y al mismo tiempo socializar sus pérdidas. Tenemos gobiernos (y sus agentes de servicio) desde el nivel local hasta el federal que enfrentan restricciones presupuestarias extremadamente suaves en sus decisiones fiscales precisamente porque el sistema monetario impone restricciones débiles o inexistentes. El gobierno se excede y sobrepasa sus funciones en todas partes y en todo, de modo que los espacios de liberalismo brindan una creciente libertad en ciertos márgenes, mientras que «el camino hacia la servidumbre» se manifiesta literalmente en otros márgenes, como el encarcelamiento masivo en los Estados Unidos y los prejuicios evidentes en el sistema de justicia penal. Nuevamente, el gobierno fracasa porque crece, y crece porque fracasa.

La reconstrucción del proyecto liberal debe comenzar con el reconocimiento de los problemas que aquejan a las sociedades de Europa, Estados Unidos, América Latina y Asia. Bajo la influencia de la élite progresista, los países democráticos han exigido demasiado al gobierno y, en el proceso, han desplazado a la sociedad civil y restringido la sociedad de mercado. La respuesta debe buscarse en mecanismos para frenar una vez más las capacidades depredadoras del sector público y liberar la empresarialidad creativa del sector privado. En el debate, esto se puede lograr hasta cierto punto convenciendo a aquellos en la élite progresista, así como aquellos en la izquierda y la derecha populistas, de que para iniciar un análisis institucional comparativo riguroso debemos reconocer que no estamos tratando solo con emprendedores que cometen errores, sino también con burócratas torpes. Las principales diferencias institucionales son que los emprendedores que se equivocan pagan un precio por sus fracasos. Así las cosas, o bien ajustan su respuesta u otro empresario entrará en escena para tomar la decisión correcta. Realmente no existe una analogía directa con respecto al burócrata torpe: una vez torpe, continúa siendo torpe. Las actividades del sector público aparentemente repiten los mismos errores una y otra vez, pero con la expectativa de obtener resultados diferentes. No hay mucho aprendizaje en eso, al menos no mucho si se quiere lograr el objetivo final de mejorar o erradicar el mal social que se pretende abordar. Esto es más evidente en nuestros asuntos militares, pero también en el despliegue de otras metáforas de «guerra»: desde la «guerra contra la pobreza» hasta la «guerra contra las drogas» y la «guerra contra el terrorismo». Realmente es cierto que «la guerra es la salud del Estado», pero estas «guerras» definitivamente no son un reflejo del verdadero radicalismo liberal. El militarismo, incluso como metáfora, está reñido con el liberalismo.

El cosmopolitismo como respuesta

Mis respuestas a nuestros desafíos actuales son sencillas. Comencemos por el principio, que para los liberales es la igualdad humana básica. Somos iguales unos a otros. No debería haber confusión sobre este punto. Y si eres un defensor del liberalismo y te encuentras «de pie» (metafórica o literalmente) al lado de otro que afirma la superioridad de un grupo sobre otro, deberías saber que estás en el grupo equivocado y que necesitas actuar rápidamente en oposición a ese grupo para no dejar ninguna duda en sus mentes o en las de los demás. El liberalismo es liberal. Es una filosofía de emancipación y una celebración alegre de la energía creativa de gente diversa, cercana y lejana. El orden liberal se desarrolla en un marco de reglas que cultiva esa creatividad y fomenta la interacción mutuamente beneficiosa con otros de gran distancia social, superando problemas como el idioma, la etnia, la raza, la religión y la geografía.

En un nivel fundamental, nadie goza de privilegios sobre otros en reconocimiento de nuestra humanidad básica. Como solía decir una gran maestra de filosofía práctica en mi vida —mi madre— Elinor Boettke: «las personas son personas». Eso es lo que somos, solo tenemos que dejar que cada uno viva su vida, y eso es todo. Somos seres humanos falibles pero capaces de tomar decisiones, y existimos e interactuamos entre nosotros en un mundo muy imperfecto. Ninguno de nosotros, y mucho menos ningún grupo de nosotros, tiene acceso a *la verdad* del Altísimo; sin embargo, se nos confía la tarea de encontrar reglas que nos permitan vivir mejor juntos que si estuviéramos aislados. Chocamos los unos con los otros y negociamos entre nosotros para tratar de aliviar el dolor de esos choques o evitarlos en el futuro. Pero debemos reconocer que a pesar de nuestra igualdad humana básica, discutimos y naturalmente estamos en desacuerdo con otros sobre cómo debemos vivir nuestras vidas.

Por eso, en nuestros choques y negociaciones entre nosotros, es fundamental tener en cuenta que pronto enfrentaremos severas limitaciones en lo que podemos acordar. En particular, tenemos pocas esperanzas de llegar a un acuerdo entre individuos y grupos dispersos y diversos sobre una escala de valores, sobre los fines últimos que el hombre debería perseguir. Como dijo Hayek en *Camino de servidumbre* (1944)*:* «El punto esencial para nosotros es que no existe un código ético tan completo. El intento de dirigir toda la actividad económica según un plan único plantearía innumerables preguntas cuya respuesta solo podría proporcionarse mediante una regla moral, pero para las cuales las morales existentes no tienen respuesta y para las cuales no existe un consenso sobre lo que debería hacerse». Esta es una de las razones por las cuales la idea del establishment progresista de un planificador social benevolente y omnisciente con una función de bienestar social estable que fácilmente dirigiría la política pública hacia el «bienestar general» es un enfoque absurdo de la economía política, como argumentó efectivamente James Buchanan a lo largo de su carrera desde su primera crítica en 1949 al «cerebro fiscal». Sin embargo, la economía pública en la tradición de Paul Samuelson y Richard Musgrave continuó y continúa, como si este desafío de Hayek y Buchanan nunca se hubiera planteado. Y debo agregar que es como si Kenneth Arrow

137

nunca hubiera demostrado la imposibilidad de un procedimiento democrático para el establecimiento de una función de bienestar social estable. «Podemos confiar en el acuerdo voluntario», dijo Hayek, «para guiar la acción del Estado solo en la medida en que se limite a esferas donde existe acuerdo».

Así pues, si descartamos como imposible una escala de valores que incluya a todos y en la que podamos estar de acuerdo, en lugar de buscar un consenso sobre los fines a perseguir, nuestra discusión se limitará a una discusión sobre los medios por los cuales puede perseguirse una diversidad de fines dentro de la sociedad. Podemos, en esencia, estar de acuerdo en discrepar sobre los fines últimos, pero estar de acuerdo sobre la manera en que podemos relacionarnos aceptablemente unos con otros estando en desacuerdo. Después de todo, somos iguales unos a otros, y cada uno de nosotros debe ser tratado con dignidad y respeto como arquitectos capaces de diseñar nuestras propias vidas. Las virtudes liberales de respeto, honestidad, apertura y tolerancia implican un compromiso con una forma de relacionarnos entre nosotros, no necesariamente un compromiso con el acuerdo mutuo sobre creencias sagradas o elecciones de estilo de vida, o sobre qué bienes deseamos, o qué ocupación queremos perseguir.

El verdadero radicalismo liberal tiene que ver con el *marco general* dentro del cual interactuamos. Quiero sugerir que el aspecto más crítico de un marco viable para la sociedad liberal es que pueda equilibrar el debate en todos los niveles de gobernanza con la necesidad de organizar la acción colectiva para abordar problemas inquietantes que no pueden tratarse adecuadamente a través de la acción individual. Permítanme desglosar esa frase. La primera tarea al pensar en un marco general viable es determinar qué problemas requieren una acción colectiva y qué problemas pueden abordarse por formas alternativas de toma de decisiones. Uno de los grandes aportes de la teoría de las finanzas públicas de Buchanan fue que *cualquier teoría* de las finanzas públicas —ya sea liberal clásica, de élite progresista o planificadora socialista tenía que postular una filosofía política básica por la única razón de que las finanzas públicas se basan en alguna respuesta a la cuestión de la escala apropiada y, más importante aún, el alcance de la acción gubernamental. En otras palabras, un teórico de las finanzas públicas puede trabajar explícitamente con la filosofía política con la que trabaja, o puede trabajar implícitamente con ella, pero no puede trabajar sin una filosofía política. Es una filosofía política la que les dice que el gobierno es responsable de una serie de bienes públicos en interés del bienestar general.

No hay una respuesta puramente técnica a esa pregunta. Una vez que se da la respuesta sobre lo que el gobierno *debería* hacer, puede llevarse a cabo un análisis político y económico positivo, pero los esfuerzos por proporcionar una respuesta económica técnica a esta pregunta no son más que una filosofía normativa que se disfraza como economía política positiva, y la economía científica solo avanzará cuando dejemos de disfrazarnos y reconozcamos explícitamente este punto filosófico-político que planteó Buchanan. Este punto es tan relevante para la discusión de hoy como lo fue cuando él planteó este argumento por primera vez durante el apogeo del desarrollo de la llamada economía del bienestar «científica». Ese mismo estilo de finanzas públicas y estructura de economía del bienestar de Samuelson-Musgrave es lo que uno todavía puede ver en la mayoría de las finanzas públicas modernas y en los debates sobre temas normativas tan candentes como la desigualdad de ingresos y el esquema tributario de Pigou sobre las emisiones de carbono.

Las preguntas sobre la escala del gobierno no son invariantes con respecto a las preguntas sobre su alcance. Como una vez comentó Keynes, no se puede adelgazar a un hombre gordo apretándole el cinturón. El alcance se refiere a la gama de responsabilidades del gobierno; la escala se refiere al tamaño de la unidad gubernamental. El crecimiento del gobierno analizado en la sección anterior está dirigido principalmente al alcance, pero eso a su vez se refleja en la escala. Las preguntas sobre el alcance son tanto filosóficas como prácticas. Pero, aunque son filosóficas, hay un componente institucional debido al hecho mismo de que incluso las ilusiones deben llevarse a la práctica, y eso requiere instituciones y organizaciones. El alcance de la autoridad delineado para las diferentes unidades de gobierno debe coincidir con la externalidad que la acción colectiva pretende abordar. Expresado con el máximo de sentido común, no necesitamos que el gobierno federal decida cómo recolectar nuestra basura, y probablemente no deberíamos esperar que el alcalde local descubra cómo diseñar un sistema de defensa contra un ataque nuclear.

Asumiendo que hayamos resuelto estos dos problemas estructurales del gobierno (reglas generales), todavía tenemos el problema de aprender a alinear la demanda de los ciudadanos, las expresiones de las preferencias de los votantes y las políticas y los servicios gubernamentales. Tenemos que postular algún *mecanismo* de aprendizaje dentro del orden liberal de la política que corresponda al proceso que se identificó dentro del mercado. ¿Cómo podemos lograr una especie de *liberalismo inteligible* que nos enseñe a desenvolvernos dentro de esta estructura general?

En el mercado, el aprendizaje está guiado por los precios y disciplinado por la contabilidad de ganancias y pérdidas, pero está impulsado por el proceso competitivo de rivalidad, donde uno puede estar seguro de que si A no ajusta su comportamiento para aprender de una oportunidad perdida previamente para obtener beneficios del comercio o conseguir ganancias de la innovación, entonces B estará encantado de intervenir para ocupar su lugar. ¿Podemos lograr este tipo de competencia en el proceso político? No se trata solo de elecciones disputadas, sino de disputas en todo el proceso gubernamental de producción y distribución de servicios. No podemos responder a estas preguntas sin abordar la oferta y la demanda de bienes públicos y, por tanto, el proceso político dentro de la sociedad democrática.

Obviamente, las frustraciones con la élite del establishment están profundamente arraigadas para el verdadero radical liberal, al igual que lo están para el populista de izquierda o de derecha. El *statu quo* no es deseable ni sostenible. El diagnóstico de las razones por las cuales la élite del establishment ha fallado difiere entre los liberales y los populistas, pero la crítica al gobierno de expertos es un área de coincidencia. El proyecto liberal tiene una historia que se remonta a siglos atrás, y el verdadero liberal radical siempre se ha sentido frustrado. Las restricciones constitucionales se doblegan cuando deberían ajustarse, especialmente en tiempos de guerra. La autoridad y responsabilidad delimitadas se violan todo el tiempo, y no siempre debido a la intromisión injustificada del gobierno federal en los asuntos locales, sino en respuesta a la interacción estratégica del funcionario estatal electo con funcionarios debidamente electos de otros estados para formar un cartel político que beneficie a los grupos de interés local a expensas de la población en general.

Hayek pidió a su audiencia en 1949 que se permitieran ser utópicos. Creo que eso es correcto. Necesitamos imaginar un sistema liberal que respete las reglas generales de compromiso, pero que estructure una competencia intensa y constante entre las unidades gubernamentales. Bruno Frey presentó una visión de un gobierno sin monopolio territorial. Su idea de jurisdicciones competitivas que se superponen podría ser una de esas ideas sobre cómo cultivar un liberalismo inteligible. El trabajo de Edward Stringham proporciona otra visión, y el de Peter Leeson otra más. Lo que es común entre todos ellos es que no recurren a deducciones axiomáticas a partir de un axioma de no agresión. En su lugar, ofrecen argumentos y evidencias relacionadas con el funcionamiento de las instituciones y, en particular, con los procesos mediante los cuales la autogobernanza funciona no solo mejor de lo que piensas, sino que en muchos casos lo hace mejor que cualquier aproximación razonable sobre cómo funcionaría un gobierno tradicional en las circunstancias descritas.

A lo largo de su carrera, Hayek propuso una serie de sugerencias institucionales para impedir que la autoridad monetaria se involucrara en la manipulación del dinero y el crédito, solo para encontrarse con la frustración, ya que el método sugerido resultó ineficaz frente al hábito gubernamental. Quizás entonces, en la oferta y la demanda de bienes y servicios gubernamentales, el hábito gubernamental también sea una fuente de inestabilidad, ineficiencia e injusticia y, por ende, de frustración. De ser así, la reconstrucción del proyecto liberal en el siglo XXI puede que tenga que recurrir a visiones utópicas como las que han sido expuestas por los autores que he mencionado. Un liberalismo humano, así como un liberalismo robusto y resiliente, puede encontrar su operatividad en una estructura institucional de jurisdicciones competitivas superpuestas y en un discurso público que respete los límites del acuerdo sobre valores últimos, pero que insista en un marco general que no exhiba ni discriminación ni dominio.

Conclusión

Esta charla tiene un propósito singular. El liberalismo es liberal. Pero para realizar el liberalismo hay que institucionalizarlo. Eso significa que una estructura general de gobierno debe estar en el centro de la conversación. Y esa conversación se ve favorecida por el razonamiento consecuencialista de la disciplina de la economía política. Lo que hemos aprendido de esta disciplina es que existen grandes beneficios al perseguir la especialización productiva y la cooperación pacífica entre individuos dispersos y diversos. Cuanto mayor sea la distancia social, más beneficios podemos alcanzar por medio del intercambio, pero también más difícil es realizar ese intercambio, dada la existencia de costos de transporte, costos de comunicación y costos interculturales.

En resumen, los costos de transacción son altos, por lo que la gran expansión de la riqueza en el mundo moderno se debió a cambios institucionales que redujeron los costos de transacción y facilitaron el desarrollo de relaciones de intercambio con otros distantes (distantes debido a factores sociales y razones geográficas). El liberalismo fue uno de los principales vehículos que hicieron realidad esa reducción de los costos de intercambio. Sus doctrinas celebraron el comercio, otorgaron derechos de decisión sobre recursos a los individuos, liberaron a las personas de los lazos de la servidumbre y separaron la ciencia del dogma religioso. Fue un proceso lento y oneroso. El liberalismo ciertamente no se aplicó de manera consistente. Pero la victoria de estas ideas, la difusión de estas ideas, dio como resultado la liberación de los poderes creativos de las personas en todo el mundo.

A pesar de las obvias frustraciones con la élite establecida, es un hecho simple que 2016 fue el primer año en toda la historia de la humanidad registrada en el que menos del 10% de la población mundial vivía en la pobreza extrema. ¡Qué milagro es el mundo moderno! Pero esto se logró a pesar de las políticas de la élite establecida y, en cambio, gracias al poder del liberalismo económico, incluso cuando estaba restringido y constreñido. El poder del comercio smithiano y la innovación schumpeteriana simplemente compensaron y avanzaron ante las obstrucciones de la estupidez gubernamental. Como le gusta señalar a Joel Mokyr, hay vientos de cola y vientos en contra, y mientras los vientos de cola sean más fuertes que los vientos en contra, el progreso es inevitable. El liberalismo proporciona estos vientos favorables de cola.

El desafío para el liberalismo en el siglo XXI es el mismo que en el pasado: habrá fuerzas conservadoras que generarán vientos en contra. Estas fuerzas conservadoras se presentan en la forma de los intereses arraigados de la élite establecida del *status quo* y de los movimientos populistas de izquierda y derecha, que, si bien critican a la élite, irónicamente exigen más de las mismas políticas, solo que en mayor proporción: más intervención gubernamental, más regulación de la industria, más restricciones a la libre circulación de personas, más restricciones al flujo de capital, etc. No puede haber alianza entre liberales y populistas precisamente porque el populismo es iliberal. Es discriminatorio y no busca limitar el poder, sino colocar a diferentes personas en el poder. El aliado natural del populismo es la planificación y el militarismo.

A esta generación de verdaderos liberales radicales le ha tocado la tarea de alzarse contra las amenazas a la igualdad humana básica, oponerse a la intolerancia, al miedo y a la intromisión. Debemos aceptar el desafío de Hayek y explorar los fundamentos filosóficos de una sociedad libre con un entusiasmo renovado y una invitación a la investigación. Y, sobre todo, debemos insistir en que el liberalismo es liberal en pensamiento, palabra y obra.

LAS MÚLTIPLES AMENAZAS AL PROYECTO LIBERAL

Actualmente (del 4 al 10 de agosto) estoy en Praga enseñando en el programa de maestría en *Filosofía, política y economía* del CEVRO Institute. Este programa, diseñado por el profesor Josef Sima, es un programa internacional que invita a estudiantes de todo el mundo a estudiar intensamente en Praga y a trabajar con una variedad de profesores de toda Europa y los Estados Unidos que enseñan en el programa. Realmente la iniciativa educativa organizada por el profesor Sima es impresionante. Y para mí, la experiencia de este año fue increíble.

Cada año que he enseñado en el programa, reorganizo mis lecturas y mis conferencias. Pero el tema que se me asigna es el mismo: economía y política de las instituciones. Ayer hablé del Proyecto Liberal y los desafíos de nuestros tiempos. Pregunté a los estudiantes cuáles creían que eran los mayores retos a los que hoy en día tiene que hacer frente el Proyecto Liberal.

Comencé con una declaración sobre lo que considero que es el Proyecto Liberal desde Adam Smith en adelante: un proyecto de emancipación; emancipación de las ataduras de la opresión y depredación, ya sea en el sector público o en el sector privado; emancipación del dogma del altar; emancipa-

144

ción del sometimiento del individuo a la corona; y emancipación de la pobreza aplastante y la explotación por parte de las élites mercantilistas. El liberalismo es un proyecto que busca erradicar los privilegios y, en su lugar, tratar a todos como iguales y dignos entre sí. Es, como dice Hayek en su ensayo «Individualismo: el verdadero y el falso», un proyecto que busca encontrar ese conjunto de instituciones donde sea posible otorgar libertad a todos, en lugar de restringir la libertad solo a aquellos que se consideran lo suficientemente sabios y aptos para ser libres. Así, la emancipación de la opresión y la liberación del miserable estado económico de subsistencia física permiten a los individuos desarrollar su capacidad para vivir vidas humanas florecientes.

Las doctrinas asociadas con este proyecto incluyen la libertad de conciencia y de pensamiento, la libertad de asociación, la libertad de comercio, la libertad de movimiento, etc. Es una filosofía social que busca encontrar ese conjunto de instituciones que permite a poblaciones diversas vivir mejor juntas de lo que podrían hacerlo de forma aislada, y para conseguirlo esas instituciones no deben exhibir ni dominación ni discriminación. Deben pasar una prueba de generalidad.

Con esa presentación sobre la mesa y dejando de lado por el momento la cuestión de si este proyecto se cumpliría mejor mediante una variedad de sistemas democráticos o algún sistema más radical de autogobierno, los estudiantes enumeraron uno por uno cuáles creían que eran los desafíos más importantes. Ahora bien, seré el primero en admitir que mi muestra está sesgada: un pequeño grupo de estudiantes autoseleccionados que decidieron pasar un año en Praga estudiando y debatiendo ideas en filosofía, política y economía no es una muestra representativa de la población. Pero hay algo que aprender. La mayoría de los desafíos eran lo que los estudiantes vieron como contradicciones internas dentro del Proyecto Liberal y debilidades en la estrategia retórica de los liberales clásicos. Algunas de las críticas eran que los liberales clásicos parecían privilegiar las explicaciones económicas sobre todas las demás explicaciones del mundo social, que las encontraban demasiado estériles, demasiado atomistas, demasiado amorales y, lo más importante, demasiado desagradables para los estilos de vida no occidentales.

Mientras escribía todos estos puntos en la pizarra para que los discutiéramos, seguí pensando en lo que había detrás de su elección de desafíos: ¿intelectual, práctico, o una combinación de ambos? Sin embargo, cuando se les presionó, las voces más fuertes expresaron frustración con las voces y políticas de extrema izquierda en sus sociedades que, según ellos, habían dado lugar a la contrarreacción de la derecha. Una minoría de estudiantes vio las opiniones de la derecha como una invasión insidiosa al proyecto liberal que era tan peligrosa o más que cualquier opinión de la izquierda. Quizás el más misesiano del grupo hizo la brillante observación de que, como economistas, tal vez deberíamos restringir nuestro análisis a los medios/fines, mostrar una sincera simpatía por los fines de los intelectuales y activistas de izquierda que dominaban la conversación pública en estas sociedades europeas, pero demostrar a través del análisis de medios/fines que, quizás, sus opciones políticas no sean las más efectivas para lograr los fines que buscan en términos de erradicar la pobreza, brindar atención médica, mejorar el medio ambiente, etc.

No podría estar más de acuerdo con eso, y no solo como una estrategia retórica. Durante muchos años impartí un curso de honor en la Universidad de Nueva York donde utilizábamos a Adam Smith, Alfred Marshall y Joseph Stiglitz como textos principales. Le hice la pregunta a la clase: ¿cuáles son las continuidades y discontinuidades en el pensamiento económico desde 1776 hasta la década de 1990 (cuando estaba impartiendo la clase)? La principal continuidad, tal como se refleja en Smith, Marshall y Stiglitz, era una preocupación general por los menos favorecidos y la búsqueda de aquellas políticas que mejorarían la calidad de vida de los menos afortunados —políticas, debo añadir, que fueran escalables y sostenibles.

Resulta que una de las lecciones más importantes que enseña la economía política y la filosofía social es que, si bien hay un número casi infinito de formas en que las personas pueden elegir vivir, en realidad existe un conjunto de instituciones mucho más restringido que permite a los individuos vivir juntos en paz y prosperidad. Y ese reconocimiento fue lo que dio origen al liberalismo, y es una doctrina que aspira a una aplicación universal.

Al igual que a todos mis colegas, me preocupa el aumento de la popularidad de las ideas socialistas. También creo que todos están olvidando que el modificador democrático no protege al socialismo de sus contradicciones internas y disfunciones operativas. Ya hemos estado aquí antes. Los socialistas británicos con los que Hayek discutió podrían haber estado más enamorados de la fetichización de la ciencia que sus homólogos actuales, pero también modificaron su tipo de socialismo con el término democrático. Y argumentaron que la razón por la que eran socialistas en su economía era precisamente porque eran demócratas liberales en su política. En su opinión, la economía capitalista había demostrado ser demasiado cobarde para sostener la sociedad liberal. Abandonado a su suerte, el capitalismo era inestable, lo que provocaba desempleo; era monopolista, lo que generaba ineficiencia e desigualdad. La inestabilidad, la ineficiencia y la injusticia eran productos del capitalismo desenfrenado y, por ende, la miseria de los menos favorecidos. Como sostuve en una columna anterior aquí en el *Instituto Americano para la Investigación Económica* (AIER), esto es lo que Hayek intentó contrarrestar cuando escribió *Camino de servidumbre* (1944). Esta es una de las razones por las que el libro sigue siendo tan relevante para la generación actual.

Pero no creo que mis estudiantes en Praga (o en Fairfax) aprecien suficientemente cómo el ataque populista de derecha a los mercados es tan (si no más) peligroso para el Proyecto Liberal como los provenientes de la izquierda, y cómo, como demuestra Hayek en *Camino de servidumbre* (1944), las críticas de la izquierda y la derecha al Proyecto Liberal se entrelazan en el trágico desarrollo del socialismo en la práctica: ya sea que lo llamemos «socialismo democrático» o «socialismo de mercado»; es la parte del socialismo la que causa los problemas. Todos debemos entender claramente los aspectos trágicos de la historia de *Camino de servidumbre* (1944): Hayek no cuenta una historia de fuerzas malignas que descarrilan la civilidad, sino cómo las intenciones más sinceras y benevolentes son traicionadas en la operación debido a incentivos sistémicos y la distorsión de la información utilizada en el esfuerzo por coordinar la actividad.

La odiosa presentación de argumentos nacionalistas que uno lee en los movimientos populistas amenaza con estrangular las fuentes primarias de paz y prosperidad: la innovación tecnológica y la expansión de las oportunidades comerciales en todo el mundo. Las políticas socialistas tienen el mismo resultado: estancamiento del desarrollo tecnológico y restricción de la actividad comercial en todo el mundo. En ambos casos —uno con la intención de mirar hacia adentro, el otro con la intención de mirar hacia afuera— el resultado final es un giro aislante e insalubre, y un rechazo del Proyecto Liberal del cosmopolitismo.

Y con eso, temo que el proyecto de emancipación se pierde, y esos lazos de opresión que se rompieron a través de luchas se reintroducen de la manera más insospechada, de modo que las élites una vez más tengan el poder de poner su bota firmemente sobre el cuello de los menos favorecidos.

Camino de servidumbre (1944) fue una advertencia de una tragedia que podría desarrollarse a menos que se hiciera una corrección a mitad de camino. Como cuestión de historia económica y política, esas correcciones intermedias se hicieron, de hecho, en Inglaterra, y más recientemente en los países escandinavos (en la década de 1990), pero los intelectuales y activistas de la izquierda y la derecha tienden a ignorar esas correcciones intermedias y, en cambio, creen que se demostró que los argumentos de Hayek eran erróneos.

Mi posición es la contraria. Lo que se necesita hoy es una nueva reformulación del argumento de Hayek de una manera que pueda resonar con nuestros tiempos, para abordar las preocupaciones legítimas que han planteado los críticos del liberalismo y para analizar con cuidado y precisión la lógica organizativa y situacional de los cambios de política propuestos. Pero, nuevamente, no como una cuestión de retórica sino como una cuestión de profundo compromiso liberal. Yo diría que esto debe hacerse con gran simpatía por los objetivos de los intelectuales y activistas, y con gran empatía hacia la difícil situación de los menos favorecidos. Como he enfatizado en varios ensayos recientes, siempre hay que recordar que el liberalismo es, por encima de todo, liberal.

Y ese Proyecto Liberal trata de la emancipación de los lazos de opresión —ya sea que la fuente de esa depredación provenga del sector público, del sector privado o del sector independiente. El Proyecto Liberal puesto en práctica es la búsqueda de ese conjunto de instituciones que no requieren seres místicos para ser instituidas, ni para vivir bajo su dominio, sino que se fundan solo en los supuestos ordinarios de la economía básica para su funcionamiento, y que rompen esos supuestos lazos de opresión y abren las posibilidades para que individuos diversos persigan sus planes de mejora, a menudo divergentes, y lo hagan de una manera que les permita vivir mejor juntos de lo que podrían hacerlo de forma aislada. La capacidad de los individuos para perseguir una especialización productiva y realizar una cooperación social pacífica es una consecuencia de los acuerdos institucionales: el Proyecto Liberal está vinculado a ese conjunto de instituciones que maximiza esa oportunidad y coincide con la emancipación y el florecimiento humano.

La próxima generación debe estar preparada para reformular y, lo que es más importante, reelaborar los argumentos fundamentales. Programas como el programa *Filosofía, política y economía* en el Instituto CEVRO son un terreno fértil para desarrollar esas habilidades necesarias. Felicitaciones al profesor Sima por su liderazgo en esta tarea.

John Stuart Mill escribió en sus *Principios de economía política* (1848) que «lo que con tanta frecuencia ha suscitado el asombro» de los observadores es «la gran rapidez con la que los países se recuperan de un estado de devastación; la desaparición, en poco tiempo, de todo rastro de los daños causados por los terremotos, las inundaciones, los huracanes y los estragos de la guerra. Un enemigo arrasa un país a fuego y espada, destruye o se lleva casi todas las riquezas que existen en él: todos los habitantes quedan arruinados y, sin embargo, después de unos pocos años, todo vuelve a ser como antes.»

Mill explicó las condiciones necesarias para esta rápida recuperación: 1) libre movilidad de capital y mano de obra, y 2) la supervivencia de una parte de la población y del capital humano. Si se cumplen estas condiciones, entonces la recuperación económica y social se producirá muy rápidamente.

Militarización *versus* descentralización

Esta es quizás una afirmación chocante a raíz del trágico sufrimiento humano que estamos presenciando en Japón (o que vimos el año pasado en Haití). Por supuesto, inmediatamente después de un desastre natural, los esfuerzos de rescate y la asistencia humanitaria básica requieren una dirección amplia. Pero no debemos ignorar los procesos de coordinación descentralizados. Despues del 11 de septiembre y el huracán Katrina, por ejemplo, diversos esfuerzos descentralizados para brindar asistencia fueron vitales para la supervivencia de miles de personas. Aunque nos centramos, especialmente en el caso del 11 de septiembre, en los primeros socorristas gubernamentales, en ambos casos las personas no asociadas a cuerpos de rescate gubernamentales a menudo respondieron en el acto en momentos críticos. No hay duda de que la policía y los bomberos de la ciudad de Nueva York y la Guardia Costera en Nueva Orleans jugaron un papel significativo durante los primeros momentos después de los desastrosos acontecimientos. Pero después de ese período inicial, el activismo gubernamental resultó en la mayoría de los casos contraproducente.

Poco después del huracán Katrina inicié un proyecto de investigación en el Mercatus Center para analizar la eficacia de la respuesta voluntaria a la crisis a través del mercado y la sociedad civil. Las familias y comunidades se fortalecieron y reconstruyeron mediante el cultivo del comercio. En la medida en que se impidió el comercio, las familias se debilitaron y las comunidades quedaron en ruinas. Esta conclusión va en contra de las intuiciones comunes que exigen un enfoque de mando y control después de una crisis.

El lenguaje de los esfuerzos de recuperación y de desastres es un lenguaje de centralización; se presume que se requiere un esfuerzo militar para abordar el problema urgente. Pero la militarización de la compasión no es muy eficaz a la hora de lograr una mejora. Como sugiere mi colega Chris Coyne (autor de *Después de la guerra* (2007) y de un libro de próxima aparición sobre la ayuda humanitaria) en su artículo «Delirios de grandeza», imagina que les pides a los bomberos que responden a un incendio devastador en un edificio corporativo que también coordinen la provisión de suministros médicos y tratamientos, supervisen la reconstrucción del edificio y luego reconstruyan la cadena de suministro de la empresa después de que se haya extinguido el incendio y se haya reconstruido el edificio. Esto es precisamente lo que sucede con la progresiva militarización de los esfuerzos humanitarios.

La militarización de la compasión no ayuda a fortalecer familias, reconstruir comunidades ni cultivar el comercio. En cambio, centraliza los esfuerzos e ignora el conocimiento local que reside en los individuos y que está arraigado en las comunidades. Nuestra intuición empuja hacia un enfoque de mando y control, pero la ciencia económica rechaza esta intuición y favorece la información descentralizada y local que poseen los individuos —quienes son capaces de afrontar los desafíos de «las preocupaciones del pensamiento y de todos los problemas de la vida» (como sostenía Tocqueville que era requerido en una sociedad de individuos libres y responsables). La militarización de la compasión puede ayudar a quienes están lejos a sentir que están haciendo todo lo posible para abordar la crisis, pero una vez que superamos la fase inicial de búsqueda y rescate y pasamos a la segunda fase de reconstrucción, el resultado suele ser un caos planificado.

Obstáculos gubernamentales

Nuestros estudios sobre la reconstrucción después del huracán Katrina nos permitieron apreciar el papel vital que tanto la sociedad civil como la vida comercial en contraposición a la dirección gubernamental desempeñaron en los esfuerzos exitosos para recuperarse del desastre. Siempre que el gobierno intentó guiar a los individuos en sus decisiones en lugar de permitirles basar esas decisiones en su conocimiento local y seguir sus motivaciones privadas, surgieron obstáculos a la recuperación. La observación de Mill sobre la sorprendente rapidez de la recuperación se confirmó en aquellas áreas donde se permitió el libre movimiento de mano de obra y capital. Las frustraciones, en cambio, se produjeron por las restricciones a la libertad de elección.

Lo que hemos aprendido del estudio de los desastres y la recuperación es que los esfuerzos para brindar ayuda humanitaria inmediata siempre contendrán elementos de caos. El caos no se alivia mediante la militarización de la compasión, sino mediante el mecanismo del mercado que se hace cargo de la asignación de recursos y señala los ajustes requeridos a través de los precios relativos y la retroalimenatación de ganancias y pérdidas.

Una de las críticas más comunes a la economía es que se basa en supuestos poco realistas y en modelos abstractos de la economía. Si tan solo los economistas estudiaran el mundo real, sabrían que las personas no siempre son racionales, que el intercambio no siempre es mutuamente beneficioso y que los mercados no siempre se equilibran. En cambio, el mundo real está lleno de errores, poder desigual e ineficiencia. En un artículo en el *Financial Times*, Wendy Carlin —que encabeza una iniciativa de reforma curricular en la educación de pregrado— cuenta la siguiente historia sobre la decepción de los estudiantes con los modelos poco realistas que han tenido que aprender durante su educación económica.

> «Nataly Grisales, escribiendo en un periódico estudiantil en Bogotá sobre su decisión de estudiar economía, dijo: «Un profesor mencionó que la economía me daría una forma de describir y predecir el comportamiento humano a través de herramientas matemáticas, lo cual me parecía fantástico. Ahora, después de muchos semestres, tengo las herramientas matemáticas; pero todas las personas que quería estudiar han desaparecido de la escena.»

Carlin se apresura a añadir:

> «No es necesario que Nataly se haya sentido decepcionada. Los economistas ahora tienen los datos y las herramientas matemáticas y conceptuales para poner a las personas reales en el centro del escenario. Por eso que el proyecto curricular en el Instituto para el Nuevo Pensamiento Económico, que dirijo, está creando materiales de acceso abierto para un nuevo plan de estudios. La tecnología digital y los métodos de enseñanza interactivos introducirán a los estudiantes en una disciplina empírica. Aprenderán a usar evidencias de la historia, experimentos y otras fuentes de datos para poner a prueba explicaciones y políticas contrapuestas. Este es un gran mo-

mento para ser economista. Es hora de que lo convirtamos en una época dorada para los estudiantes de economía.»

En efecto, es un gran momento para ser economista.

Y también es cierto que la economía como disciplina debería ser un emocionante viaje intelectual. Y, bueno, también es cierto que demasiados profesores de economía no presentan el material de una manera intelectualmente apasionante. Un enfoque exclusivo en la economía de pizarra y en los exámenes de opción múltiple es una mala manera de transmitir un marco analítico tan apasionante.

De pizarras y aburrimiento

Irónicamente, sin embargo, cierta economía de pizarra podría ser la mejor manera de predecir resultados tan sombríos. La economía, como disciplina académica, recompensa la creatividad científica por encima de la claridad y la importancia de la investigación por encima de la capacidad docente. La estrategia para minimizar costos es enseñar técnica sobre sustancia. El material es sencillo y los exámenes son más o menos inequívocos. Así que nuestro joven profesor de economía que intenta equilibrar los requisitos de su plaza de profesor titular y las maravillas de la economía (sin mencionar vivir una vida personal saludable y feliz) debe hacer concesiones. Y, en el margen relevante para nuestra discusión, lo que se sacrifica es enseñar economía de manera exhaustiva y apasionada.

Esta observación no es nada nueva. De hecho, se puede encontrar en *La riqueza de las naciones* (1776) de Adam Smith. Smith analiza las diferencias en el enfoque de la enseñanza de Glasgow y Oxford, respectivamente. A los profesores de Glasgow se les pagaba mediante cuotas directas de los estudiantes y, por consiguiente, dedicaban más tiempo a enseñar a sus estudiantes, mientras que a los profesores de Oxford se les pagaba a partir de un fondo, por lo que no prestaban la más mínima atención a los estudiantes.

Tener en cuenta que, en la explicación de Smith, la disfunción no es el resultado de la irracionalidad, el poder o la ineficiencia. Más bien, se trata de los incentivos que enfrentan los individuos en los diferentes entornos. Los individuos reales, que viven y respiran la profesión de economía, están tratando de hacer lo mejor que pueden dada la situación en la que se encuentran. Y al hacerlo, responden a incentivos, utilizando la información que pueden adquirir para negociar compensaciones.

En otras palabras, cuando observas la disfunción, es debido a problemas institucionales. Y los problemas institucionales exigen soluciones institucionales.

Abstracciones, matemáticas y estadística

Otra forma de volver a encaminar a la pobre Nataly y a sus compañeros de clase es reflexionar sobre el hecho de que todos los modelos son abstracciones.

Para entender esto, solo piensa por un segundo: ¿tienes un mapa en tu coche (o en tu teléfono inteligente) que se corresponda 1 a 1 con el terreno por el que viajas? Por supuesto que no. Pero tampoco tienes un mapa que simplemente tenga flechas que apunten al Norte, Sur, Este y Oeste. Eso sería demasiado abstracto. El punto con los modelos es que tienes que elegir el nivel adecuado de abstracción para los propósitos que necesitas para abordar los problemas que estás intentando solucionar.

Así que quejarse sobre el uso de modelos en economía no va a funcionar. Los estudiantes de economía no solo tienen que aprender la lógica de la argumentación económica, sino también cómo hacer las representaciones técnicas de esos argumentos en los niveles relevantes de abstracción. En resumen, los estudiantes de economía tienen que estudiar mucho matemáticas y estadística para convertirse en economistas profesionales. Esto es importante por al menos tres razones.

En primer lugar, los principios básicos de la economía suelen comunicarse más fácilmente a través del uso de funciones matemáticas simples y su correspondiente representación gráfica. Pensemos aquí en el análisis de la oferta y la demanda como la base de la teoría de los precios. En segundo lugar, los modelos matemáticos y las pruebas estadísticas son el lenguaje científico en el que se comunican los economistas profesionales. Intentar convertirse en economista profesional sin aprender ese lenguaje sería equivalente a intentar convertirse en un historiador francés sin aprender francés. En tercer lugar, para comprender las limitaciones de algo —digamos, un modelo— primero debes apreciar sus puntos fuertes. Si no haces eso, serás un crítico particularmente débil. Como señaló una vez un economista matemático, tus críticas tendrán el impacto de otras tantas burbujas de jabón.

No me malinterpreten. Puedo simpatizar con Nataly y sus compañeros de clase a quienes se les enseña economía de la misma manera. No hay duda de que la economía de los libros de texto y de la pizarra, desde 1950 hasta hoy, ha sufrido los dos errores intelectuales más comunes: el exceso de formalismo y la agregación. De hecho, hay demasiada abstracción de los individuos que eligen y de las situaciones a las que se enfrentan. Las personas no son puntos de la trama. Tienen que lidiar con las vicisitudes y oportunidades que presenta la vida fuera del Jardín del Edén.

La solución de la ventana

Pero la solución a nuestra crisis actual en el plan de estudio no radica, como sugiere Wendy Carlin, en los esfuerzos modernos por incorporar «grandes datos» y nuevas «técnicas matemáticas». Si bien es cierto que estamos siendo testigos de una revolución en la recopilación de datos y que el desarrollo de métodos de simulación tiene un potencial asombroso, el pensamiento económico consiste en enmarcar esos datos. Las simulaciones tratan de capturar la dinámica de las relaciones económicas que nuestras teorías, desde Adam Smith hasta Vernon Smith, han tratado de iluminar (Adam con los experimentos naturales de la historia; Vernon con los experimentos de laboratorio).

Los economistas necesitan decirles a sus estudiantes que «miren por la ventana» es decir, que tomen lo que aprendieron en la pizarra y en los libros de texto y apliquen la forma de pensar económica al mundo que les rodea y que estudien historia, filosofía, literatura, idiomas y antropología.

Nataly y sus compañeros de clase podrían responder: «Eso es imposible, ¿cómo esperas que haga eso?» A esto no puedo hacer otra cosa mejor que citar al gran Ludwig von Mises cuando dio una respuesta similar: «Nadie te pidió que fueras economista». Para convertirte en economista, debes estar dispuesto a trabajar duro. Quejarse de las herramientas de aprendizaje es similar a un carpintero quejándose al tener que aprender sobre destornilladores y martillos. Las herramientas en sí mismas son necesarias pero no suficientes para convertirse en un buen carpintero. Tienes que darle un buen uso a las herramientas. Lo mismo ocurre con el aspirante a economista.

¿QUÉ ECONOMÍA, QUÉ LIBERALISMO ECONÓMICO?

Robert Lucas, profesor de economía de la Universidad de Chicago, recibió el Premio Nobel de Ciencias Económicas en octubre de 1995. La Real Academia Sueca de Ciencias declaró que Lucas era «el economista que ha tenido la mayor influencia en la investigación macroeconómica desde 1970». Para los economistas de mi generación, el enfoque de Lucas hacia la ciencia económica ha sido tratado como el evangelio metodológico. Pero, como señalaron rápidamente los expertos, las teorías de Lucas tuvieron una tremenda influencia en las políticas públicas al desmantelar la arrogancia keynesiana de la profesión que dominaba en las décadas de 1950 y 1960.

La innovación teórica de Lucas fue insistir en que los supuestos conductuales de la llamada teoría macroeconómica tenían que ser consistentes con los empleados en la teoría microeconómica. No se puede asumir que los actores económicos se dejen engañar persistentemente por los responsables de la política. Los actores racionales llegarán a conocer el modelo de economía que los responsables de la política están empleando en el diseño de políticas.

A primera vista, la implicación política de la «hipótesis de expectativas racionales» de Lucas era que las políticas keynesianas tradicionales de sintonía fina eran defectuosas porque no tenían en cuenta cómo los actores económicos anticiparían la política gubernamental. Si el desempleo, por ejemplo, aumenta en un par de puntos porcentuales, entonces la teoría keynesiana tradicional sugiere que la Reserva Federal debería flexibilizar la política monetaria para combatir este aumento. Pero si los líderes sindicales observan la política de la Reserva Federal, notarán que relajar la política monetaria generará inflación y, por lo tanto, ajustarán sus futuras demandas salariales al alza. De este modo, compensarán por completo el efecto previsto de la política de ajuste. El desempleo no se reducirá, pero la inflación persistirá. Solo las políticas imprevistas tendrán efectos en la economía; las políticas previstas se incorporarán plenamente en la toma de decisiones de los actores económicos. Unas reglas estables y predecibles en la política superarán el ajuste discrecional de la política económica keynesiana en términos de combatir la inflación y el desempleo, así como de promover el crecimiento económico.

Los avances posteriores en la teoría económica han cuestionado esta implicación política, pero la técnica de las «expectativas racionales» se convirtió en una parte fundamental de las herramientas de los economistas modernos. A nivel teórico, Lucas lideró una revolución destinada a eliminar la división innecesaria entre la teoría microeconómica y macroeconómica, y la teorización laxa que resultó de esa división. A nivel político, Lucas asestó el golpe final al viejo sistema key-nesiano tradicional. Mises y Hayek habían desafiado la teoría en su núcleo (y en gran medida fueron ignorados). Milton Friedman había mostrado sus debilidades teóricas y empíri-cas internas, James Buchanan había demostrado las deficien-cias de su economía política, pero Lucas destruyó la lógica de todo el proyecto. En este sentido, Lucas retrocedió a las teorías prekeynesianas de la economía monetaria y parecía ofrecer una teoría «neo-austriaca». De hecho, Lucas recono-ció esta influencia a principios de los años setenta. Con el fra-caso del sistema keynesiano, llegó momento de reevaluar los escritos de académicos como Mises y Hayek, especialmente el trabajo de Hayek sobre el ciclo económico.

Sin embargo, la traducción que Lucas hizo del proyecto de Hayek a la economía técnica moderna fue rápidamente cuestionada por economistas austriacos contemporáneos como Gerald O'Driscoll, Roger Garrison y William Butos. El modelo que Lucas había construido, que ciertamente poseía una conclusión de *laissez-faire*, no era consistente con mu-chas de las afirmaciones centrales de la economía austriaca desde Menger hasta Mises. Los austriacos, sin duda, recha-zaron la división entre microeconomía y macroeconomía y postularon que los actores económicos aprenden y ajustan consecuentemente su comportamiento a lo largo del tiempo. Pero Lucas trató la elección como un procedimiento mecá-nico; el entorno de elección no era uno de incertidumbre e ignorancia, sino más bien uno de riesgo y búsqueda racional. Además, las implicaciones teóricas y políticas de la lógica de esta situación eran inquietantes para los economistas con sen-sibilidades austriacas por ejemplo, se asumía que el dinero era neutral y simplemente un velo, no el vínculo esencial en las transacciones.

Sin duda, la lógica del argumento de Lucas era impecable, y no cabe duda de que la implicación de su lógica económica respondía en gran medida una posición no intervencionista. Entonces, ¿por qué los economistas austriacos contemporáneos no celebran el honor otorgado a Lucas por el comité del Nobel?

La economía austriaca no es solo economía de libre mercado: es algo mucho más que eso. No todos los argumentos que favorecen el libre mercado sobre la intervención gubernamental son iguales. Como científicos económicos, todo lo que tenemos derecho a preguntar es: «¿Cómo mejora la innovación teórica nuestra comprensión de la acción humana y la cooperación social?» Por otro lado, como intelectuales y ciudadanos ilustrados nos corresponde preguntar: «¿Qué tipo de economía, qué tipo de liberalismo económico?»

Si permitimos que las técnicas de modelizacion desplacen preguntas sobre el comportamiento humano que no pueden encajar en el modelo, pero que son esenciales para comprender cómo el mercado funciona para coordinar nuestras decisiones, entonces el modelo simplificado distorsionará nuestra visión del mercado. Si luego se emplea esta visión «débil» de la economía de mercado como telón de fondo para la defensa del liberalismo económico, entonces los argumentos a favor del liberalismo económico también serán débiles y vulnerables a los desafíos.

Robert Lucas es un hombre brillante. Pero su teoría del comportamiento humano no toma en cuenta la diversidad de la percepción individual; su teoría del equilibrio del mercado caracteriza erróneamente el orden económico, y las implicaciones políticas que se derivan de sus teorías hacen que la posición del *laissez-faire* sea vulnerable en varios frentes (algo que ya ha sido explotado por la economía neokeynesiana del tipo defendido por Joseph Stiglitz y Gregory Mankiw).

La investigación económica moderna, influenciada por Lucas, ha producido técnicas y modelos cada vez más refinados, pero el costo de esta mayor especialización ha sido una pérdida de relevancia para la conversación humana en general. La ciencia económica se ha vuelto cada vez más estrecha e inaccesible para el profano. Pero como argumentó Ludwig von Mises:

Es un error fatal por parte de nuestros contemporáneos más valiosos creer que la economía puede dejarse en manos de especialistas de la misma manera que diversos campos de la tecnología pueden dejarse con seguridad en manos de aquellos que han elegido hacer de cualquiera de ellos su vocación. Las cuestiones de la organización económica de la sociedad son asunto de todos los ciudadanos. Dominar estas cuestiones lo mejor que podamos es deber de todos.

Así, podemos estar de acuerdo en que Lucas ha ejercido una profunda influencia en la economía moderna, pero —a pesar de un acuerdo sustancial en el ámbito de las políticas— todavía expresamos preocupación porque la economía se ha visto obligada a volverse cada vez más precisa sobre cada vez menos cosas, perdiendo así su relevancia para la vida cotidiana de los negocios y la política.

LIONEL ROBBINS, PROFETA DEL LIBERALISMO INTERNACIONAL

Me gustaría recomendar a los jóvenes estudiantes de economía que dediquen algún tiempo a leer a Lionel Robbins. Entre 1930 y 1950, en particular, Lionel Robbins (1898-1984) escribió algunos de los libros más lúcidos sobre ciencia económica y política económica. Es un personaje fascinante para estudiar. La extensa biografía de Robbins escrita por Susan Howson supera las 1.000 páginas. Puede parecer una exageración, pero en realidad no lo es.

Robbins asumió un papel de liderazgo en la *London School of Economics and Political Science* a una edad temprana. Robbins estaba en una posición única porque se había formado en la tradición intelectual de Edwin Cannan y, por tanto, en la intersección de la economía política clásica y la economía neoclásica moderna. Y sabía leer y absorber textos en alemán. De joven, había leído *Socialismo* (1922) de Ludwig von Mises y quedó impresionado. También quedó impresionado con el trabajo de Mises sobre el estatus lógico de la ciencia económica.

También contribuyó decisivamente a llevar la teoría de las fluctuaciones industriales desarrollada por Knut Wicksell y Mises al público inglés, y la presentó como una alternativa a las teorías del subconsumo y a la emergente Nueva Economía de Keynes. De hecho, fue un artículo del joven Friedrich Hayek criticando las teorías del subconsumo de los economistas estadounidenses William Trufant Foster y Waddill Catchings lo que inspiró a Robbins a invitar a Hayek a la *London School of Economics* para que impartiera unas conferencias que se acabarían publicando con el título *Precios y producción* (1931) y que eventualmente llevarían a Hayek a obtener una cátedra en la *London School of Economics*.

Alta teoría

Durante la década de 1930, el seminario de Hayek y Robbins se convertiría en uno de los centros internacionales de investigación en economía. Hayek y Robbins compartían el compromiso de presentar un cuerpo unificado de pensamiento económico, en el que las diversas escuelas de economía pasarían a un segundo plano en favor de las proposiciones sustantivas de lo que enseñaba la economía como ciencia. Por supuesto, para este ejercicio fue fundamental el estatus lógico de la teoría económica y, en particular, la lógica pura de la elección a diferencia del nexo de intercambio que constituye el orden del mercado.

Durante estos años de alta teoría, los debates fueron intensos y había mucho en juego, ya que el liberalismo estaba siendo atacado intelectualmente y sus defensores amenazados físicamente por el militarismo del fascismo y del comunismo. En el contexto del continuo estancamiento económico de la Gran Depresión, surgió el debate con Keynes sobre la volatilidad macroeconómica y el debate con los socialistas de mercado, como Oskar Lange y Abba Lerner, sobre la eficiencia de la planificación socialista.

Otros debates incluyeron la competencia imperfecta y la economía del bienestar de las externalidades y el poder de monopolio. De hecho, fueron años de alta teoría, y Hayek y Robbins formaron un equipo formidable que básicamente defendía el argumento clásico del *laissez-faire* tal como lo desarrollaron Cannan y Mises una generación antes. Fundamental para este argumento era un profundo compromiso intelectual para articular el marco institucional necesario para que el orden liberal emergiera y operara de manera eficaz. Ese marco estaba formado por la propiedad privada y el Estado de derecho. Pero si este marco institucional se pudiera establecer y mantener, entonces se podría confiar en que el orden económico liberal del mercado competitivo maximizaría la eficiencia y las mejoras en las condiciones materiales de la humanidad.

La gran excepción

A finales de la década de 1930, el liberalismo internacional estaba en retroceso. Se argumentaba que la economía de mercado era ineficiente, inestable e injusta, y que la planificación gubernamental era la panacea de la época. Lionel Robbins decidió dar un paso al frente y presentar el contraargumento. Como señaló Henry Hazlitt en su reseña del 1 de agosto de 1937 en el *New York Times* sobre *Planificación económica y orden internacional* (1937), la «brillante excepción» al tenor de la época era Lionel Robbins.

El liberalismo sin disculpas era la respuesta a los males sociales que aquejaban a la economía mundial. Robbins dedica su libro a la memoria de Edwin Cannan, y en más de 300 páginas bien escritas argumenta que «no es el capitalismo, que correctamente condicionado es una salvaguarda de la libertad y el progreso, sino el nacionalismo, que tiende a la pobreza y al conflicto, el que es la causa de nuestras angustias actuales» (1937, 327).

«El principio del liberalismo internacional,» escribe Robbins, «es la descentralización y el control por parte del mercado.» La planificación, por otra parte, ha demostrado que conduce a «despilfarro e inseguridad» y, por lo tanto, «ahora parece haber motivos para dudar […] de la viabilidad de una planificación integral desde el centro que no destruya precisamente lo que se pretendía preservar» (1937, 221). La civilización estaba en juego, y un análisis económico sobrio era quizás la mejor respuesta. Porque son los principios técnicos de la economía los que permiten al analista evaluar el impacto de acuerdos institucionales alternativos sobre la capacidad de los individuos para desarrollar una especialización productiva y una cooperación social pacífica.

«No deberíamos reclamar al liberalismo,» insistía Robbins (1937, 268), «que el mundo que podría producir sea perfecto. […] Pero podemos afirmar que, con todas sus deficiencias, todavía proporcionaría una salvaguarda para la felicidad y la espontaneidad más eficientemente que cualquier otra que haya sido sugerida hasta ahora.» Las imperfecciones del hombre siempre estarán con nosotros.

Ajuste y adaptación

La cuestión gira en torno a las recompensas y penalizaciones que guían el ajuste y la adaptación continuos. Lo que importa es que los participantes no estén protegidos en el sistema de mercado de las consecuencias de sus decisiones, y que estos participantes también tengan opciones para intercambiar con otros, para trabajar con otros, para perseguir nuevas vías de actividad empresarial o de consumo. Esta realidad de elección y salida impone una disciplina al sistema.

El liberalismo internacional no promete que toda la humanidad se amará de la noche a la mañana. Quizás nosotros, seres imperfectos, nunca lo hagamos. Pero lo que el liberalismo internacional sí busca es persuadirnos de que «la cooperación entre los diferentes miembros de la humanidad es ventajosa para la promoción de fines individuales» (1937, 326). Sin embargo, a partir de este simple mecanismo de eficiencia, surgen consecuencias más fuertes que nos alejan de la «enfermedad espiritual del nacionalismo» y las «payasadas del racismo vulgar» y nos acercan al cosmopolitismo de la división internacional del trabajo y la cooperación social a través del comercio mutuamente beneficioso. «Los ideales de Atenas,» afirma Robbins, «todavía desafían las ideas de Esparta.»

La cuestión del liberalismo internacional estaba muy presente en la mente de las personas que se reunieron en abril de 1947, una década después de la publicación del libro de Robbins, para fundar la Sociedad Mont Pelerin. A menudo se olvida que fue Lionel Robbins quien escribió la declaración de la misma. De la declaración de Robbins se desprende claramente que la Sociedad Mont Pelerin se creó para cultivar un diálogo constructivo y crítico entre estudiantes serios de la sociedad sobre la naturaleza del liberalismo.

También está claro cuán central es para ese diálogo el análisis económico de la economía de mercado competitiva si queremos avanzar en nuestra comprensión. Este diálogo iba a centrarse en «el problema de la creación de un orden internacional que favorezca la salvaguarda de la paz y la libertad y que permita el establecimiento de relaciones económicas internacionales armoniosas.»

Mont Pelerin

Ese era el propósito en 1947 y sigue siendo el propósito hoy en día. Sin embargo, para evitar cualquier confusión, es fundamental leer el último párrafo de la declaración: «El grupo no aspira a realizar propaganda. No busca establecer una ortodoxia meticulosa y restrictiva. No se alinea con ningún partido en particular. Su objetivo es únicamente, al facilitar el intercambio de ideas entre mentes inspiradas por ciertos ideales y concepciones amplias compartidas, contribuir a la preservación y mejora de la sociedad libre.»

La Sociedad Mont Pelerin se reunirá en una semana (del 30 de septiembre al 5 de octubre) y el tema principal de la conferencia de este año es «Competencia, descubrimiento y la búsqueda de la felicidad.» Se trata de una celebración alegre de la capacidad de los individuos para desarrollar una especialización productiva y una cooperación social pacífica.

Como señaló Adam Smith hace mucho tiempo, los humanos tenemos una propensión a negociar, intercambiar y comerciar. El comercio es la fuente del progreso, y las instituciones que hacen posible la expansión del comercio —la propiedad privada y el Estado de derecho— brindan salvaguardas para la libertad. La mejora humana resulta cuando la libertad y el progreso son protegidos por el régimen institucional del liberalismo internacional.

El liberalismo internacional nunca se ha realizado plenamente debido al nacionalismo y otras fuerzas provincianas que están en juego. Hemos escapado de los horrores del comunismo internacional, pero no hemos escapado del todo de las ineficiencias e injusticias del mercantilismo moderno. Incluso en 1937, para Robbins era importante señalar que «el liberalismo internacional no es un plan que se haya probado y haya fracasado. Es un plan que nunca ha tenido la oportunidad de ser implementado en su totalidad.» El caos de su tiempo, argumentó, era el resultado de la retirada incluso de la búsqueda parcial de un régimen de liberalismo internacional. Los privilegios otorgados por los poderosos para crear monopolios y restringir el comercio son la norma. Pero cuando el privilegio de restringir se ve a sí mismo restringido, la disposición de los recursos no sigue las demandas de los monopolistas, sino las demandas de los consumidores. De esta manera se crea riqueza y las vidas mejoran. Este cambio reivindicaría el poder de las ideas para superar los estrechos intereses de los privilegiados.

El liberalismo es una doctrina emancipadora: liberar a la humanidad de la intolerancia del dogma, de las ataduras de la esclavitud, del uso y abuso arbitrario del poder por parte de la clase privilegiada. Sus armas de emancipación son las ideas de igualdad humana básica ante la ley y la dignidad de cada individuo, así como los mecanismos de competencia y de intercambio mutuamente beneficioso. Esta generación de nuevos estudiantes de la sociedad haría bien en revisar las obras de Lionel Robbins. Su *Planificación económica y orden internacional* (1937) sería un excelente punto de partida.

CONCLUSIÓN

«La sociedad no es una carrera» escribe David Schmidtz en *Elementos de justicia* (2006, 117). «En una carrera,» continúa, «las personas necesitan empezar en pie de igualdad. ¿Por qué? Porque el propósito de una carrera es medir el rendimiento relativo. Por el contrario, el propósito de una sociedad no es medir el rendimiento relativo, sino ser un buen lugar para vivir. Para ser un buen lugar para vivir, una sociedad necesita ser un lugar donde las personas no enfrenten prejuicios o exclusión arbitrarios. En la mejor sociedad liberal, mujeres, negros, blancos y personas de todas las religiones tienen una verdadera oportunidad de vivir bien, como individuos libres y responsables. Las personas necesitan una buena base, no una base de igualdad.»

El libro de Schmidtz es una lección sobre la claridad de pensamiento y exposición, y su compromiso con nuestra humanidad y sociabilidad fundamentales es profundo y evidente en todo momento. El capítulo que cité, «¿Para qué sirve la igualdad?», es uno de los mejores que he encontrado sobre por qué el verdadero liberalismo combina una forma de igualitarismo con humanitarismo, y por qué esa combinación proporciona la base para el estándar de bienestar en la economía política clásica y el enfoque en los segmentos de la población menos favorecidos y más vulnerables.

La gran tradición de la economía política, nos enseñó James Buchanan, lidia con las preguntas fundamentales de lo que constituye la «buena sociedad,» y empleamos los principios técnicos de la ciencia económica para examinar cómo las configuraciones institucionales alternativas promueven o dificultan la especialización productiva y la cooperación pacífica entre individuos y grupos diversos.

Es un proyecto humanitario, ya que como escribe Schmidtz, «el humanitarismo es, en términos generales, una visión de que debemos cuidar a aquellos que sufren, no solo o incluso principalmente como una forma de hacernos más iguales, sino simplemente porque el sufrimiento es malo». En resumen, *la verdad y la luz* de la ciencia sobre las implicaciones del hecho primordial de la escasez se combinan con el reconocimiento *de la belleza y el asombro* de los principios de autoorganización para ofrecer un mensaje de *esperanza* para un mundo mejor a través de la alerta empresarial y la creatividad, que se basa en la *compasión* por los menos afortunados entre nosotros y el deseo de verlos efectivamente liberados de la miseria.

Nuestra comprensión moderna de la economía técnica, la economía política estructural y la filosofía moral más profunda de Adam Smith es tan defectuosa que se pierde de vista una preocupación común básica de los filósofos escoceses: crear las condiciones institucionales para una sociedad civil y compasiva. El enfoque de Hume sobre la propiedad privada, la transferencia de propiedad por consentimiento y el cumplimiento de promesas a través de contratos no son reglas que solo benefician a un segmento de la sociedad a expensas de otros, sino que en su lugar forman la base general para la sociedad civil y la *cooperación social pacífica bajo la división del trabajo*, como más tarde enfatizaría Mises en *Socialismo* (1922) y aún con más fuerza en *La acción humana* (1949).

El análisis de Smith sobre la riqueza de las naciones no se mide, en última instancia, en baratijas y actos glotones de consumo, sino por un nivel de vida creciente que es compartido por una parte cada vez mayor de la población general. Es una cuestión empírica determinar qué conjunto de instituciones logra mejor esa tarea. Pero la preocupación por elevar los niveles de vida de los menos favorecidos en la sociedad nunca se pierde de vista. La economía política, debidamente enseñada desde los tiempos de Adam Smith hasta el día de hoy, no se ocupa exclusivamente de la optimización, el equilibrio y la eficiencia, sino que además tiene que lidiar con cuestiones de justicia, responsabilidad cívica, honestidad, decencia, humildad, dignidad y respeto. Después de todo, somos iguales en dignidad los unos para los otros. Somos personas libres y responsables, que aspiramos a vivir en comunidades solidarias y nos esforzamos por llevar vidas pacíficas, prósperas y plenas. Para ser testigos de cómo nuestros hijos obtienen aún más comodidades y felicidad que las que nosotros tuvimos. Cuando hablo de progreso material, a menudo les digo a mis estudiantes: «¡No nos comemos las tasas de crecimiento!» Pero luego, a menudo muestro las correlaciones que podemos presentar a partir de un cuidado análisis empírico de lo que el crecimiento económico moderno «compra» para nosotros en términos de bienestar y desarrollos humanos.

Sin embargo, la clase intelectual desde el siglo XIX, e incluso muchos practicantes de la economía contemporánea, no logran ver estos puntos analíticos, históricos y filosóficos fundamentales. Tenemos que preguntarnos por qué persiste en nuestra cultura intelectual esta confusión sobre las lecciones básicas de la economía política. Los economistas políticos han sido retratados como lógicos y estadísticos insensibles y sin remordimientos: desde *Tiempos difíciles* de Charles Dickens hasta los críticos contemporáneos de la asignatura *Introducción a la economía.*

Sostengo que los críticos lo entenderían mejor si se tomaran el tiempo de leer a Adam Smith, a Friedrich Hayek o a James Buchanan. Aseguran haberlos leído, pero parece que no los entienden bien. Entonces, ¿qué pasa? No es que las palabras estuvieran ausentes en las páginas de las obras de estos grandes economistas políticos. Pero su mensaje no se escucha.

Mi audaz conjetura es que, en nuestra época contemporánea, el culpable se encuentra en los libros de texto. No estoy solo en esta evaluación, aunque, sin duda, es una afirmación extrema. Elinor Ostrom, en su ensayo *Cruzando la gran brecha* (1996), afirma de manera inequívoca que uno de los grandes obstáculos que impiden la realización de una verdadera sociedad democrática autogobernada y los beneficios sociales y materiales que promete es que: «Los libros de texto contemporáneos contribuyen a levantar este muro artificial [entre el gobernante y los gobernados]. Muchos libros de texto sobre administración pública enfatizan las habilidades gerenciales dentro de la propia burocracia y pocos discuten las habilidades necesarias para trabajar eficazmente en actividades de resolución de problemas con los ciudadanos. Los libros de texto económicos que abordan problemas de fallos del mercado afirman que 'el' gobierno debe intervenir en aquellos casos en que el mercado falla» (1996, 365-66).

El modelo neoclásico atomista e institucionalmente antiséptico no tiene nada que ver con el liberalismo tal como lo entendían los economistas políticos clásicos o los descendientes modernos de la línea principal del pensamiento político y económico, tales como Hayek y Buchanan (y Ostrom). La economía contemporánea, como profesión, y como he argumentado en mi Discurso Presidencial de la *Southern Economics Association* (ver Boettke 2018a), es una demanda derivada del campo y la práctica de la administración pública. Lo que esperamos de la administración pública dictará lo que es fructífero en el análisis económico y, por tanto, determinará la formación de los estudiantes de economía.

La transformación de la administración pública bajo la influencia de la ideología de la Era Progresista transformó lo que se esperaba que ofreciera la ciencia económica. Los economistas ya no eran vistos como filósofos morales y estudiantes de la civilización, sino como físicos e ingenieros sociales encargados de erradicar los problemas sociales y orquestar el crecimiento y desarrollo económicos. Como escribió Robert

Sugden hace años: «La mayoría de las teorías económicas modernas describe un mundo presidido por un gobierno (no, significativamente, por gobiernos) y ve este mundo a través de los ojos del gobierno» (1986, 3). La perspectiva de «ver como un Estado» no ha cambiado como perspectiva dominante en los años transcurridos. La óptica de «ver como un ciudadano» cambiaría radicalmente la perspectiva relevante, pero está tan lejos de la enseñanza dominante de la economía como lo ha estado siempre en el siglo XX. En resumen, la economía contemporánea de los libros de texto perjudica a la disciplina tanto en un nivel analítico positivo como en un nivel filosófico normativo. Yo diría que debemos dedicarnos a corregir este error educativo. Y, para ello, primero debemos corregir los errores científicos que dieron origen a esto.

Los economistas políticos liberales clásicos conciben al individuo no como algo atomizado, sino como algo integrado en entornos sociales: en familias, en comunidades, en la historia. Sí, existe tanto el postulado del interés propio como el postulado de la mano invisible, pero estos no se entienden como la crítica convencional quiere presentarlos. La línea principal del pensamiento económico desde Smith hasta Hayek tiene una estructura analítica de elección racional para las cuestiones de la lógica de la elección, pero es una elección racional para mortales, no para robots. Y también hay procesos de mano invisible, pero dependen de un contexto institucional para proporcionar los procesos de filtrado que dictan las tendencias de equilibrio exhibidas. En resumen, la línea principal de la economía política desde Smith hasta Hayek es aquella que hace *elecciones racionales como si quienes eligen fueran humanos, y el análisis institucional como si la historia importara*. En esta obra, bien leída, no se encuentra ningún análisis atomista, egocéntrico y prudencial.

Además, este enfoque de la economía política, al rechazar las pretensiones de igualitarismo de recursos, está firmemente basado en el igualitarismo analítico. Es una economía de iguales naturales. Cualquiera que desafíe la perspectiva del

173

igualitarismo analítico está sujeto al desprecio de Adam Smith (por ejemplo, su proposición de que la única diferencia entre el filósofo y el portero de la calle se produce a los ojos del filósofo, o su advertencia de que el estadista que intenta predecir el mercado no solo asumiría un nivel de responsabilidad que es incapaz de ejercer juiciosamente, sino que tampoco sería tan peligroso como en las manos de un hombre que se creyera capaz de realizar la tarea).

Hume y Smith presentaron un argumento estructural en la economía política; un argumento que pretendía descubrir un conjunto de instituciones donde los hombres malos pudieran hacer el menor daño posible si asumían posiciones de poder. Como dijo Hume, cuando diseñamos instituciones de gobernanza debemos presuponer que todos los hombres son bribones. Y en un movimiento que anticipó la economía política moderna tanto de Hayek como de Buchanan, Smith básicamente argumentó que nuestro comportamiento bribón se manifiesta ya sea en la arrogancia (presunción fatal) o en el oportunismo (interés propio con astucia).

Los economistas políticos no solo enfatizan las restricciones al abuso del poder por parte de las élites políticas. También es importante destacar el aspecto emancipatorio de la doctrina del liberalismo. Como escribe Hayek en su ensayo 'Individualismo: el verdadero y el falso' (1948), Smith y otros economistas políticos liberales clásicos estaban preocupados «no tanto por lo que el hombre podría lograr ocasionalmente cuando estaba en su mejor momento, sino por que tuviera la menor oportunidad posible de hacer daño cuando estaba en su peor momento.»

Hayek continúa: «No sería exagerado afirmar que el principal mérito del individualismo que él y sus contemporáneos defendieron es que es un sistema bajo el cual los hombres malos pueden hacer el menor daño. Es un sistema social que no depende de que encontremos hombres buenos para dirigirlo, o de que todos los hombres se vuelvan mejores de lo que son ahora, sino que utiliza a los hombres en toda su variedad y complejidad, a veces buenos y a veces malos, a veces inteligentes y más a menudo estúpidos.» Y Hayek concluye: «Su objetivo era un sistema bajo el cual debería ser posible conceder libertad a todos, en lugar de restringirla, como deseaban sus contemporáneos franceses, a 'los buenos y los sabios'.» Sin duda, el liberalismo en la tradición liberal clásica refleja una preocupación compasiva por los menos favorecidos, que siempre está sometida a la disciplina del análisis riguroso de cómo el entorno institucional en el que vivimos juntos estructura los incentivos que enfrentan los actores al tomar decisiones y moviliza la información dispersa en todo el sistema social que debe utilizarse para tomar decisiones y aprender de la interacción social. Está, como he argumentado en este libro, fundamentado en esos cuatro pilares de la educación económica: verdad y luz; belleza y asombro; esperanza; y compasión.

BIBLIOGRAFÍA

Aligica, P.D., Boettke, P.J. y Tarko, V. 2019. *Public Governance and the Classical-liberal Perspective: Political Economy Foundations*. Oxford University Press.

Bastiat, F. 2001. What is seen and what is not seen. *Ideas on Liberty*, *51*, pp.12-16.

Boettke, P. y Leeson, P. 2015. *The Economic role of the State*. Edward Elgar Publishing.

Boettke, P.J. 2018a. Economics and Public Administration, *Southern Economics Journal*, 84 (4): 938-959.

— 2018b. *FA Hayek: Economics, Political Economy and Social Philosophy*. Springer.

Böhm-Bawerk, E.V. 1890. *Capital and Interest: A Critical History of Economic Theory* (Vol. 1). Londres; Nueva York: Macmillan and Company. [Trad. esp.: Valor, capital e interés, Unión Editorial, 2009].

Bork, R. 1978. *The Antitrust Paradox: A Policy at War with itself*. Free Press.

Brzezinski, Z. 1989. *The Grand Failure: The Birth and Death of Communism in the Twentieth Century*. Scribner Book Company.

Buchanan, J.M. 1949. The Pure Theory of Government Finance: A Suggested Approach. *Journal of Political Economy*, *57*(6), pp.496-505.

— 1996. Economics as a Public Science. *Medema and Samuels, eds*.

Bukharin, N. y Preobrazhenskii, E.A. 1921. *ABC of Communism*. Socialist Labour Press.

Bukharin, N.I. 1925. Concerning the New Economic Policy and our Tasks. *reprinted in Selected Writings on the State and the Transition to Socialism. Armonk, NY: ME Sharpe.*

— 1926. *Building up Socialism*. Communist Party of Great Britain.

— 1982. *Selected Writings on the State and the Transition to Socialism*. ME Sharpe Inc.

Bukharin, N. 2013. *The Politics and Economics of the Transition Period*. Routledge.

Coyne, C.J. 2008. *After War: The Political Economy of Exporting Democracy*. Stanford University Press.

— 2011. Delusions of Grandeur: On the Creeping Militarization of US Foreign Policy. *Available at SSRN 1736765.*

— 2013. *Doing Bad by Doing Good: Why Humanitarian Action Fails*. Stanford University Press.

Coyne, C.J. y Hall, A.R. 2018. *Tyranny Comes Home: The Domestic Fate of US Militarism*. Stanford University Press.

Deaton, A. 2013. *The Great Escape: Health, Wealth, and the Origins of Inequality*. Princeton University Press.

Diamond Jr, A.M. 2019. *Openness to Creative Destruction: Sustaining Innovative Dynamism*. Oxford University Press.

Dickens, C. 1996. *Hard Times*. Broadview Press.

Galbraith, J.K. 1998. *The Affluent Society*. Houghton Mifflin Harcourt.

Greaves, P.L. 1974. Mises Made Easier. *A Glossary for Ludwig von Mises's Human Action, New York: Free-Market Books.*

Gorbachev, Mikhail Sergeevich, Zdenek Mlynár, and Zdenek Mlynar. 2002. *Conversations with Gorbachev: On Perestroika, the Prague Spring, and the Crossroads of Socialism*. Columbia University Press.

Hayek, F.A. 1946. *Individualism: True and False*. Hodges, Figgis & Company. [Trad. esp.: *Individualismo: el verdadero y el falso*, Unión Editorial, 2009].

— 1949. The Intellectuals and Socialism. *The University of Chicago Law Review*, *16*(3), pp.417-433.

— 1980. *Individualism and Economic Order*. University of Chicago Press.

— 1992. *Why I am not a Conservative*. Centre for Independent Studies.

— 2012. *Law, Legislation and Liberty: a New Statement of the Liberal Principles of Justice and Political Economy*. Routledge. [Trad. esp.: *Derecho, legislación y libertad*, Unión Editorial, 2014].

— 2013. *The Constitution of Liberty: The definitive edition*. Routledge. [Trad. esp.: *Los fundamentos de la libertad*, Unión Editorial, 2020].

— 2013. *The Fatal Conceit: The Errors of Socialism*. Routledge. [Trad. esp.: *La fatal arrogancia*, Unión Editorial, Unión Editorial, 2020].

— 2014. *The Road to Serfdom. Text and documents: The definitive edition*. Routledge. [Trad. esp.: *Camino de servidumbre*, Unión Editorial, 2017].

Hazlitt, H. 1978. *Economics in One Lesson: The Shortest and Surest Way to Understand Basic Economics*. Currency. [Trad. esp.: La economía en una lección, Unión Editorial, 2024].

Heyne, P., Boettke, P., y Prychitko, D. 2013. *The Economic Way of Thinking*, 13.ª edición. Pearson.

Irwin, D.A. 2017. *Clashing over Commerce: A History of US Trade Policy*. University of Chicago Press.

Kirzner, I.M. 2015. *Competition and Entrepreneurship*. University of Chicago Press. [Trad. esp.: *Competencia y empresarialidad*, Unión Editorial, 2020].

Leeson, P.T. 2009. *The Invisible Hook: The Hidden Economics of Pirates*. Princeton University Press.

Leeson, P.T. 2014. *Anarchy Unbound: Why Self-governance Works Better Than you Think*. Cambridge University Press.

Leeson, P.T. 2017. *WTF?!: An Economic Tour of the Weird*. Stanford University Press.

Lemieux, P. 2018. *What's Wrong with Protectionism: Answering Common Objections to Free Trade*. Rowman & Littlefield.

Lerner, A.P. 1944. *Economics of Control: Principles of Welfare Economics*. Macmillan and Company Limited, Nueva York.

Levy, D.M. and Peart, S.J. 2016. *Escape from Democracy: The Role of Experts and the Public in Economic Policy*. Cambridge University Press.

Marshall, A. 2009. *Principles of Economics: Unabridged Eighth Edition*. Cosimo, Inc.

McCloskey, D.N. 2010. *The Bourgeois Virtues: Ethics for an age of Commerce*. University of Chicago Press.

— 2010. *Bourgeois Dignity: Why Economics can't Explain the Modern World*. University of Chicago Press.

— 2016. *Bourgeois Equality: How Ideas, not Capital or Institutions, Enriched the World*. University of Chicago Press.

— 2019. *Why Liberalism Works: How True Liberal Values Produce a Freer, More Equal, Prosperous World for All*. Yale University Press.

McKenzie, R.B. y Tullock, G. 1975. *The New World of Economics*. RD Irwin.

Menger, C. 1996. *Investigations into the Method of the Social Sciences*. Ludwig von Mises Institute. [Trad. esp.: El método de las ciencias sociales, Unión Editorial, 2006].

Mill, J.S. 1871. *Principles of Political Economy: With Some of Their Applications to Social Philosophy* (Vol. 1). London: Longmans, Green, Reader and Dyer.

Mises, L.V. 1949. *Human Action*. Yale University Press. [Trad. esp.: *La acción humana*, Unión Editorial, 2024].

— 1974. *Planning for Freedom, and Twelve Other Essays and Addresses*. Libertarian Press. [Trad. esp.: *Planificación para la libertad*, Unión Editorial, Unión Editorial, 2020].

— 1981. *Socialism*. Ludwig von Mises Institute. [Trad. esp.: *El socialismo*, Unión Editorial, 2019].

— 2013. *The Theory of Money and Credit*. Skyhorse Publishing, Inc. [Trad. esp.: *La teoría del dinero y del crédito*, Unión Editorial, 2012].

Mises, L.V. y Sennholz, H.F. 1978. *Ludwig von Mises: Notes and Recollections*. South Holland, Ill.: Libertarian Press.

Mokyr, J. 1992. *The Lever of Riches: Technological Creativity and Economic Progress*. Oxford University Press.

— 2002. *The Gifts of Athena: Historical Origins of the Knowledge Economy*. Princeton University Press.

— 2010. *The Enlightened Economy an Economic History of Britain 1700-1850*. Yale University Press.

North, D.C. 2006. *Understanding the Process of Economic Change*. Academic foundation.

Ostrom, E. 1996. Crossing the Great Divide: Coproduction, Synergy, and Development. *World development*, 24(6), pp.1073-1087.

Ostrom, V. 1997. *The Meaning of Democracy and the Vulnerability of Democracies: A Response to Tocqueville's Challenge*. University of Michigan Press.

— 2008. *The Intellectual Crisis in American Public Administration*. University of Alabama Press.

Robbins, L. 1937. *Economic Planning and International Order*. Macmillan, Londres.

Robbins, L.R. 1978. *The Theory of Economic Policy: In English Classical Political Economy*. Springer.

Roberts, R. 2001. *The Invisible Heart: An Economics Romance*. MIT Press.

— 2001. *The Choice: A Fable of Free Trade and Protectionism*. Pearson.

— 2008. *The Price of Everything*. Princeton University Press.

Rothbard, M.N., 2009. *Man, Economy, and State*. Ludwig von Mises Institute. [Trad. esp.: *El hombre, la economía y el Estado, vol. I*, Unión Editorial, 2011; y *El hombre, la economía y el Estado, vol. II*, Unión Editorial, 2013].

Rubin, P.H. 2019. *The Capitalism Paradox: How Cooperation Enables Free Market Competition*. Bombardier Books.

Say, J.B. 1836. *A Treatise on Political Economy: Or the Production, Distribution, and Consumption of Wealth*. Grigg & Elliot.

Schmidtz, D. 2006. *The Elements of Justice*. Cambridge University Press.

Sennholz, H.F. 1979. *Age of Inflation*. Western Islands.

Sennholz, H.R. 1987. *The Politics of Unemployment*. Libertarian Press.

Smith, A. 2010. *The Wealth of Nations: An Inquiry into the Nature and Causes of the Wealth of Nations*. Harriman House Limited.

Storr, V.H. and Choi, G.S. 2019. *Do Markets Corrupt Our Morals?* Springer Nature.

Stringham, E. 2005. *Anarchy, State and Public Choice*. Edward Elgar Publishing.

— 2015. *Private Governance: Creating Order in Economic and Social Life*. Oxford University Press, USA.

Trump, D.J. y Schwartz, T. 2009. *Trump: The art of the Deal*. Ballantine Books.

Trotsky, L. 1991. *The Revolution Betrayed: What is the Soviet Union and Where is it Going?* Mehring Books.

Acerca del autor

PETER J. BOETTKE, un investigador senior en el Instituto Americano de Investigación Económica (AIER), es profesor universitario de *Economía y Filosofía* en la Universidad George Mason; profesor BB&T para el Estudio del Capitalismo, Vicepresidente de Investigación y Director del Programa F.A. Hayek de Estudios Avanzados en Filosofía, Política y Economía en el Mercatus Center de la Universidad George Mason.

Acerca de AIER

El Instituto Americano de Investigación Económica en Great Barrington, Massachusetts, fue fundado en 1933 como la primera voz independiente a favor de una economía sólida en los Estados Unidos. Hoy en día, publica investigaciones en curso, organiza programas educativos, publica libros, patrocina pasantes y académicos, y es el hogar de la mundialmente reconocida Sociedad Bastiat y el muy respetado Sound Money Project. El Instituto Americano de Investigación Económica es una organización benéfica pública.

ÍNDICE DE NOMBRES

Para más información,
véase nuestra página web

www.unioneditorial.es